안·도·현·의·내·가·사·랑·하·는·시

그 작고 하찮은 것들에 대한 애착

그 작고 하찮은 것들에 대한 애착

초   판 1쇄 발행 1999년 11월 20일
개정판 1쇄 발행 2011년 10월 4일
개정판 5쇄 발행 2025년 10월 1일

엮은이 | 안도현
그린이 | 성인제
펴낸이 | 한순 이희섭
펴낸곳 | (주)도서출판 나무생각
편집 | 양미애 백모란
디자인 | 박민선
마케팅 | 이재석
출판등록 | 1999년 8월 19일 제1999-000112호
주소 | 서울특별시 마포구 월드컵로 70-4(서교동) 1F
전화 | 02)334-3339, 3308
팩스 | 02)334-3318
이메일 | book@namubook.co.kr
홈페이지 | www.namubook.co.kr
블로그 | blog.naver.com/tree3339

ISBN 978-89-5937-255-3 03810

값은 뒤표지에 있습니다.
잘못된 책은 바꿔 드립니다.

안·도·현·의·내·가·사·랑·하·는·시

그 작고
하찮은 것들에 대한
애착

안도현 엮음　성인제 그림

나무생각

* 이 책에 수록된 시는 해당 출판사나 시인들에게 게재 허락을 받았습니다.
　현재 외국에 체류 중인 시인과 연락이 되지 않은 시인은 출판사로 연락하여 주십시오.

* 분문에 쓰인 한자는 가급적 한글로 표기하였으며, 의미상 꼭 써야 하는 경우에는
　한글과 한자를 나란히 썼습니다.

* 《 》안은 시가 수록된 책이고, ( ) 안은 출판사입니다.

개정판을 내며

초판이 나온 게 1999년, 따져보니 벌써 십이 년째다. 무심코 붙인 책의 제목은 그 이후로 나에게 작고 하찮은 것들에 대한 애착을 가지고 살아가라는 가르침을 주었고, 또 기이하게도 내가 쓰는 시의 적절한 표지가 되어주었다. 글을 쓰는 자는 자신의 글이 만들어놓은 운명대로 살아간다는 것을 다시 한 번 확인한다. 섬뜩하면서도 짜릿하다.

이 세상에 많은 시가 있지만 여기 실린 시들은 그야말로 내 취향에 따라 고른 것이라고 밝힌 바 있다. 내 어수룩한 취향에 뜨거운 관심을 가져준 독자들께 우선 고맙다는 말을 전한다.

맛난 시들을 맛볼 수 있도록 허락해 주신 시인들께 무어라고 감사를 드려야 할지 모르겠다. 그동안 시인들의 신상에도 적지 않은 변화가 있었다. 서정주, 김춘수, 오규원, 최하림 선생님은 안타깝게도 유명을 달리하셨고, 허수경 시인은 먼

독일로 떠났으며, 첫 시집도 내지 않았던 김선우 시인은 이미 문단의 짱짱한 중견으로 자리를 잡아가고 있다. 그럼에도 짧게 붙인 해설은 손을 보지 않고 그대로 두었다. 초판 낼 때의 첫 마음을 그냥 간직하고 싶어서다.

'작고 하찮은' 책을 '크고 질긴' 책으로 가꾸어온 힘은 역시 〈나무생각〉에 있다. 나무를 생각하고 살면 목숨도 숨결도 사랑도 책도 오래 가는가 보다.

2011년 9월

시를 읽는 즐거움

시를 읽어도 세월은 가고, 시를 읽지 않아도 세월은 간다. 그러나 시를 읽으며 세월을 보낸 사람에 비해 시를 읽지 않고 세월을 보낸 사람은 불행하다. 시 읽기가 새롭고 다양한 세계에 대한 하나의 경험이라면, 시를 읽지 않은 사람의 경험은 얕아서 찰방거리고 추억은 남루할 테니까 말이다. 추억이란 세월의 축적이기 때문이다.

문학이라는 연못에 빠져 시를 열심히 읽기 시작한 1977년 무렵부터 내 꿈은 시인이 되는 것이었다. 22년 전이었다. 그후 나는 시인이 되었고, 이따금 시를 발표했으며, 몇 권의 시집을 세상에 내밀기도 하였다. 하지만 시인이 도대체 무엇을 하는 존재인지, 시인으로 산다는 게 무슨 의미가 있는 것인지 나는 제대로 모르고 있었다.

그런데 이 책을 엮으면서 나는 중요한 비밀 한 가지를 알아냈다. 시인이 된다는 것은 시를 읽는 즐거움을 아는 사람이 된다는 뜻이었다.

그동안 시를 읽으면서 노트 한쪽에 적어 두었거나, 다시 읽고 싶어 시집의 한 귀퉁이를 접어 두었던 시 71편을 골랐다. 그러니까 순전히 내 취향에 따라 선정한 시들이므로 이 시인들의 '대표시'라고 할 수는 없다. 여기 실린 시들은 오직 내 마음속의 '명시'들일 뿐이다.

　내가 눈이 어두워 미처 찾아내지 못한 시도 물론 많이 있을 것이다. 그리고 내가 참으로 좋아하는 시 중에서 이미 세상을 뜬 시인들과 외국 시인들의 시, 그리고 한시와 시조가 여기에 빠졌다는 것도 밝혀 둔다.

　아무쪼록 이 시집이 시 읽는 즐거움을 더하는 데 조금이라도 보탬이 되었으면 좋겠다. 그 즐거움을 나눌 수 있도록 기꺼이 재수록을 허락해 주신 여러 선후배 시인들께 깊은 감사를 드린다.

1999년 11월

차례

개정판을 내며 | 5
시를 읽는 즐거움 | 7

열 몇 살 무렵, 문학에 눈뜨기 시작할 때 좋아하던 詩

강은교　우리가 물이 되어 | 14
고은　　사치奢侈 | 16
김춘수　샤갈의 마을에 내리는 눈 | 20
도광의　갑골甲骨길 | 22
송수권　산문山門에 기대어 | 25
신경림　파장罷場 | 28
신대철　다시 무인도를 위하여 | 30
이동순　일자일루一字一淚 | 32
이성복　세월에 대하여 | 34
이시영　이름 | 41
이하석　분홍강 | 44
정양　　내 살던 뒤안에 | 46
조정권　벼랑끝 | 49
황동규　즐거운 편지 | 50

스물 몇 살 무렵, 문학청년 시절에 좋아하던 詩

고형렬　대청봉大靑峰 수박밭 | 54
곽재구　사평역에서 | 58
김경미　비망록 | 60
김광규　도다리를 먹으며 | 62
김준태　참깨를 털면서 | 65
김지하　푸른 옷 | 67
문충성　제주濟州바다·I | 69
박남철　첫사랑 | 71

오규원	한 잎의 여자女子	74
정인섭	갈매나무 한 그루	76
정호승	서울의 예수	78
정희성	아버님 말씀	82
최승자	개 같은 가을이	84
최하림	저녁 바다와 아침 바다	86

내가 사랑하는 아름다운 詩

권혁진	항문의 끝	90
김기택	멸치	92
김명리	배밭 속의 길	94
김은정	해변의 엘레지	96
김현식	유월의 살구나무	98
서정춘	죽편竹篇·1-여행	100
송재학	풀잎	102
송찬호	상자	104
안홍렬	금강	106
이문길	손도끼	108
이문재	우리 살던 옛집 지붕	111
이은옥	어성전漁盛田의 봄	115
장옥관	낙동 가는 길	118
정일근	유배지에서 보내는 정약용의 편지	119
정현종	헤게모니	121
허수경	기차는 간다	123

내가 사랑하는 감동 석인 詩

| 고재종 | 그 희고 둥근 세계 | 126 |

고진하	해일	128
김명수	발자국	130
김명인	너와집 한 채	131
김용택	그 여자네 집	134
도종환	어릴 때 내 꿈은	140
박형진	사랑	143
백무산	장작불	145
서정주	늙은 사내의 시詩	148
조은길	3월	150
최승호	거품좌座의 별에서	152
최영철	아직도 쭈그리고 앉은 사람이 있다	154
황지우	늙어가는 아내에게	156

내가 사랑하는 젊은 시인들의 詩

김선우	포구의 잠	162
김중식	완전무장	164
나희덕	찬비 내리고—편지 1	166
박형준	가구家具의 힘	168
신현림	창	171
유하	참빗 하나의 시	174
이대흠	두만강 푸른 물	176
이윤학	제비집	178
이정록	서시	180
이학성	여우를 살리기 위해	181
장석남	멧새 앉았다 날아간 나뭇가지같이	184
최영미	시詩	186
함기석	축구소년	188
함민복	긍정적인 밥	191

열 몇 살 무렵,
문학에 눈뜨기 시작할 때
좋아하던

詩

우리가 물이 되어

강은교

우리가 물이 되어 만난다면
가문 어느 집에선들 좋아하지 않으랴.
우리가 키 큰 나무와 함께 서서
우르르 우르르 비오는 소리로 흐른다면.

흐르고 흘러서 저물녘엔
저 혼자 깊어지는 강물에 누워
죽은 나무뿌리를 적시기도 한다면.
아아, 아직 처녀인
부끄러운 바다에 닿는다면.

그러나 지금 우리는
불로 만나려 한다.
벌써 숯이 된 뼈 하나가
세상에 불타는 것들을 쓰다듬고 있나니

만리 밖에서 기다리는 그대여
저 불 지난 뒤에
흐르는 물로 만나자.
푸시시 푸시시 불꺼지는 소리로 말하면서

올 때는 인적 그친

넓고 깨끗한 하늘로 오라.

《풀잎》(민음사)

아직까지 이 절창에 취해 보지 않은 사람이 있다면, 그건 국어 교과서를 잘못 만들었거나 우리나라 국어 교육이 잘못되었다는 뜻일 것이다.

사치奢侈

고은

어린 시절 고향 바닷가에서 자주 초록빛 바다를 바라보았
습니다
그 바다가 저에게 자꾸 달려 오려고 애를 썼으나
저는 조금씩 물러날 뿐 마중나가지도 못하고 바다는 바다
일 뿐이었습니다
빨랫줄은 너무 무겁게 팽팽해지고 마른 빨래는 날아가기도
했습니다
저 세상의 깃발인 빨래와 이 세상의 몸인 바다로
제가 가지고 있던 오랜 병은
착한 우단 저고리의 누님께 옮겨 갔습니다
아주 그 오동꽃의 폐장肺臟에 묻혀 버리게 되었습니다
누님은 이름 부를 남자 하나가 없고
오직 〈하느님!〉〈하느님!〉만을 부르고 때로는 아버지도 불
렀습니다
저는 파리한 몸으로 누님의 혈맥에 흐르는 갈대밭의 애내欸
乃를 들었습니다
이듬해 봄이 뒤뜰에서 머물다 떠나면
어쩌다 늦게 피는 꽃에 봄이 남아 있었습니다
백철쭉꽃이야말로 여름까지도 이어졌습니다
이윽고 여름 한동안 저는 흙을 파먹기도 하며 울기도 했습니다

비가 몹시 내리고 마을 뒤 넓은 간석농지干潟農地는 홍수에 잠겼습니다
집이 둥둥 떠내려가는 온종일의 물 세상
누님께서 더욱 아름다웠기 때문에 가을이 왔습니다
그렇습니다 진정코 누님이야말로 가을이었습니다
찬 세면洗面 물에 제 푸른 이마 잔주름이 떠오르고
세수를 하고 나면 가을은 마치 하늘이 서서 우는 듯했습니다
멀리 기적汽笛소리는 확실하고 그 위에 가을은 한 번 더 깊었습니다
잎진 나무에 겨우 몇 잎새만 붙어 있을 때도
그것은 사람에게 빈 나무이게 하고
누님은 그 잎새들과 더불어 이야기했습니다
기역자나 니은자 없이도 새소리 없이도 곧잘 말했습니다
그리고 맑은 뜰 그 땅 밑에서 뿌리들도 제대로 놀고 있었습니다
하늘 역시 이 세상인 듯 하늘나라임에 틀림없고
그 하늘이 소리치며 더 푸르기 때문에 제가 눈 빠는 버릇이 자고
어디서인지 제 행선지가 재삼재사 저를 기다리고 있었습니다
누님께서 기침을 시작한 뒤 저는 급격하게 삭막하였습니다

차라리 제 턱을 치켜들어 삼라만상을 우러러 보아도
다만 제 발등은 움쩍도 않고 노쇠老衰로 복수復讎 받았습니다
마침내 제가 참을 수 없게, 울 수도 없게 누님은 피를 쏟았습니다
한아름의 치마폭으로 그 피를 껴안았습니다 쓰러졌습니다
그때 저는 비로소 보았습니다 누님의 깊은 내부가 외부임을
그리고 그 동정童貞 안에 내재하는 조석潮汐의 고향 바다를
그 뒤로 저의 잠은 누님의 시든 잠이었습니다
누님의 방에는 산 자 죽은 자의 고막鼓膜으로 가득 찼고
저는 문 밖에서 숱한 밤을 한 발자국씩 새웠습니다
누님께서 우단 저고리를 갈아입던 날
저는 누님의 황홀한 시간을 더해서
겨울 간석지 개펄을 헤매다가 돌아왔습니다.
이듬해 봄의 음력陰曆 안개방울 달린 빈 빨랫줄을 가리키며
누님의 흰 손은 떨어지고 이 세상을 하직했습니다
저는 울지 않고 그의 흰 도자陶磁 베개 가까이 누워
얼마만큼 그의 죽음을 따라가다 돌아왔습니다
관 속은 누님인지 나인지 또는 어떤 기쁨인지 모르는 어둠이었습니다

《고은 시전집》 (민음사)

나는 고은 시인이 현실의 바다로 뛰어들어 포효하는 시도 좋아하지만, 허무와 낭만 혹은 달관의 포즈가 짙은 초기 시들을 더욱 좋아한다.

그리고 〈사치〉라는 제목의 이 시 전체도 좋아하지만, 이런 구절은 더욱 좋아한다.

'누님께서 더욱 아름다웠기 때문에 가을이 왔습니다.'

샤갈의 마을에 내리는 눈

김춘수

샤갈의 마을에는 삼월에 눈이 온다.
봄을 바라고 섰는 사나이의 관자놀이에
새로 돋은 정맥靜脈이
바르르 떤다.
바르르 떠는 사나이의 관자놀이에
새로 돋은 정맥을 어루만지며
눈은 수천수만의 날개를 달고
하늘에서 내려와 샤갈의 마을의
지붕과 굴뚝을 덮는다.
삼월에 눈이 오면
샤갈의 마을의 쥐똥만한 겨울 열매들은
다시 올리브빛으로 물이 들고
밤에 아낙들은
그해의 제일 아름다운 불을
아궁이에 지핀다.

《김춘수 시선》(정음사)

    내가 서점에서 제일 처음 산 시집은 정음사에서 발행한 정음문고 148번 《김춘수 시선》이다. 손바닥만한 책 크기, 비닐 장정, 누리끼리한 종이에 활판 인쇄, 모서리마다 스쳐지나간 세월의 발자국들……

  자취방에서도, 학교의 벤치에서도, 아버지의 수박밭 원두막에서도 나는 이 시집을 펼쳐 읽으며 시인을 꿈꾸었다. 도대체 그 뜻을 속시원히 파악하기 힘든 '무의미 시'의 의미를 곰곰 새기면서.

  내가 이 시를 좋아하는 이유는 김춘수 시인의 시에서는 보기 드문, 인간의 따뜻한 향기가 시의 뒷부분을 감싸고 있기 때문이다.

갑골甲骨길

도광의

경남 함안여고咸安女高
백양白楊나무 교정에는
뼈모양의
하얀 갑골길이 보인다.
함안 조씨, 순흥 안씨, 재령 이씨
다투어 살고 있는
갑골리甲骨里에는
바람 많은 백양나무 생애로
노총각 한선생韓先生이 살아 왔다.
산까마귀 울음 골짝에 잦아
외길진
때기밭 능선을 이웃하면
함안 조씨, 순흥 안씨 사당祠堂들이
기왓골에 창연하다.
명절날 둑길 위로
분홍 치맛자락이
소수레 바퀴의
햇살에 실려가면
닷새 만에 서는
우시장牛市場 읍내에는

건장한 중년中年들로 파시波市가 선다.

어쩌다가 높은 둑길 위로

청람빛 가을이 펼쳐지면

청동색 강이 오히려 외롭다.

우마차 바퀴에

옛날이 실려가면

함안여고

백양나무 교정에서

사십대 노총각 한선생은

유년幼年의 여선생女先生을 생각이라도 하는 걸까.

벼 익은 하늘의

먼 황소 울음에 젖다가도

삼천포 앞바다의

편片 구름을 바라본다.

《갈골길》(흐름사)

   도광의 시인은 내 고등학교 때 은사이시다. 지금 내가 쓰는 시의 8할은 선생님으로부터 배우고 익힌 것이다. 《현대문학》지의 추천으로 문단에 나온 선생님은 이 시를 표제로 삼고 있는 시집을 단 한 권 상재했을 뿐이다. 하지만 지금도 나는, 예순을 눈앞에 두고 계신 선생님의, 그 분 시의 애독자다. 습작 시절에 선생님의 시를 노트에 베끼면서, 그리고 혼자 외우면서 나는 이런 게 늘 궁금했었다.
   '소수레 바퀴의 / 햇살'이라든가 '벼 익은 하늘의 / 먼 황소 울음' 같은 비정상적인 문장이 왜 시가 되는가, 하고.

산문山門에 기대어

송수권

누이야
가을산 그리메에 빠진 눈썹 두어 낱을
지금도 살아서 보는가
정정淨淨한 눈물 돌로 눌러 죽이고
그 눈물 끝을 따라가면
즈믄밤의 강이 일어서던 것을
그 강물 깊이깊이 가라앉은 고뇌의 말씀들
돌로 살아서 반짝여 오던 것을
더러는 물 속에서 튀는 물고기같이
살아오던 것을
그리고 산다화山茶花 한 가지 꺾어 스스럼 없이
건네이던 것을

누이야 지금도 살아서 보는가
가을산 그리메에 빠져 떠돌던, 그 눈썹 두어 낱을
기러기가 강물에 부리고 가는 것을
내 한 잔은 마시고 한 잔은 비워 두고
더러는 잎새에 살아서 튀는 물방울같이
그렇게 만나는 것을

누이야 아는가

가을산 그리메에 빠져 떠돌던

그 눈썹 두어 낱이

지금 이 못물 속에 비쳐 옴을.

《산문에 기대어》 (문학사상사)

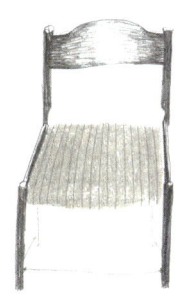

우리 민족의 삶 중에서 가장 한스러운 것만을 뽑아내 시로 풀어내는 시인의 오기, 언어를 손아귀에서 쥐었다 폈다 하는 장인적 기술, 달빛 아래 버드나무 같은 휘영청한 가락, 그 가락을 지탱시키는 남성적 어조⋯⋯.

《산문에 기대어》가 퍼덕거리며 나에게 왔을 때, 나는 숨이 칵 막힐 것 같았다. 그래서 용기를 내 시인에게 편지를 썼다. 시인은 당시 전라남도의 어느 외딴 섬에서 교편을 잡고 있었다. 거기서 날아온 장문의 답장은 어린 문학소년을 또 한 번 감동시키는 것이었다.

소년은 대구에서 전라도로 건너와 대학에 입학한 뒤에 시인을 찾아뵈러 광주로 갔다. 시인은 광주여고로 옮겨와 있었는데, 내가 찾아간 그 날은 1980년 5월 16일이었다. 시인은 학교 앞 식당에서 밥을 사 주었고, 소년은 데모대가 경찰에 쫓기는 것을 심각한 표정으로 구경만 하다가 돌아왔다. 다음날부터 광주로 들어갈 수 없는 날이 계속되었다.

그 후에, 소년은 시인이 되었다.

파장罷場

신경림

못난 놈들은 서로 얼굴만 봐도 흥겹다
이발소 앞에 서서 참외를 깎고
목로에 앉아 막걸리를 들이켜면
모두들 한결같이 친구 같은 얼굴들
호남의 가뭄 얘기 조합빚 얘기
약장수 기타소리에 발장단을 치다 보면
왜 이렇게 자꾸만 서울이 그리워지나
어디를 들어가 섰다라도 벌일까
주머니를 털어 색싯집에라도 갈까
학교 마당에들 모여 소주에 오징어를 찢다
어느새 긴 여름해도 저물어
고무신 한 켤레 또는 조기 한 마리 들고
달이 환한 마찻길을 절뚝이는 파장

《농무》 (창작과비평사)

얼마 전에 신경림 선생을 뵌 자리에서 나는 여쭈어 보았다.

"선생님의 시집 제목으로 '농무'를 누가 정한 거죠?"

"그건 창작과비평사에서 붙였지. 백낙청 선생이 붙인 건지도 모르겠고."

"그러면 이 시집의 대표작을 단 한 편만 꼽으라면 선생님은 '농무'라고 생각하세요?"

"아냐. '농무'는 그저 상징적인 제목으로 의미 있는 게 아닐까. 나는 〈파장〉 같은 시가 오히려 맘에 들어."

그러면 그렇지!

나도 〈파장〉이다. 못난 놈들은 그저 얼굴만 봐도 흥겹다는 이 한 마디는 그대로 절망과 희망의 압축파일이다. 이 한 구절이 우리 시의 한 시절을 들어올리기도 하고 내려놓기도 하였다.

다시 무인도를 위하여

신대철

돛배가 섬을 떠난다. 비로소 살아 움직이는 바다, 툭툭 수평선이 끊어지고 있다. 돛배가 거쳐간 섬은 무인도, 떠날 사람 다 묶인 무인도, 그는 캄캄한 제 몸 속으로 기어들어가 모기 소리만 내놓고 아이를 불러들였다.

헤엄쳐 가 볼까?
저 배, 어디로 흘러가는 거죠? 아이는 아까부터 혼잣말을 하고 있다.
노을 속으로, ……노을은 차지할수록 남는 시간이지. 우리도 그 일부분이야, 사람들 각자 조금씩 차지하고 있으니까. 대개들 저 자신 노을이라 생각하지.
우리를 노을로 알고 오는 사람은 없을까요?

돛배는 가면서 짐을 내려 놓기만 한다. 어둠에 먹히도록 서로 멀어져 가는 사람들, 멀어져 가 섬의 한 끝씩 되는 사람들.
돛배가 아주 꺼지기를 기다리다 아이는 잠들고, 잠자리엔 은은히 노을이 비치고 있다. 피가 따뜻해진다. 그는 잠든 아이의 꿈 속으로 아이를 들여 놓고, 그가 이 세상에 살아 있는 동안 그를 단 한 번 야생이게 하는
"우리를 노을로 알고 오는 사람은 없을까요?"

황홀하게 떠오르는 이 노을말도 꿈 속에 발갛게 비치어 넣고, 그는 몸 밖으로 기어나왔다. 맑다, 아무도 살지 않는 시간, 섬의 별이란 별은 하늘로 전부 올라가 있는 시간, 그는 무인도 한복판으로 바람 부는 대로 걸어나갔다. 그리고 우뚝 서서 그를 인간이게 하는 겉껍질을 깎는다, 깎을수록 투명한 하나의 돛이 될 때까지.

《무인도를 위하여》 (문학과지성사)

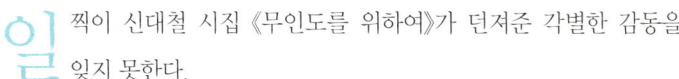찍이 신대철 시집《무인도를 위하여》가 던져준 각별한 감동을 잊지 못한다.

시집 속에 현실과 몽환이 교묘하게 겹쳐져 있어서일까. 지금 다시 펼쳐 읽어도 아늑하고 신비로운 세계가, 그대로, 있다.

시인의 침묵이 너무 길어 안타까울 뿐이다.

나도 아이가 되어 혼잣말을 하고 싶다.

"우리를 노을로 알고 오는 사람은 없을까요?"

일자일루 一字一淚

이동순

모든 눈들은 산맥 저편으로도 내리고 싶었다
언제였던가 가본 적이 있는 듯한
그러나 지금은 마음대로 오갈 수 없는
그곳은 이목구비가 같은 사람이 살고 있었다
산설고 물설은 타관이 아니었다
송이송이 뜨거운 눈물을 주먹으로 씻어대며
눈은 간신히 기슭에 올라 지척의 앞을 보았다
그리로 더욱 가까이 갈 수 없을 만큼
몸은 지치고 마음만 급하였다
행여 바람에 실려 산을 넘을 듯하였으나
그의 온몸은 중턱에 쓰러지고 말았다
쓰러진 눈 위로 또 다른 눈이 퍼부었다
죽어서도 눈은 산맥 저편으로 내리고 싶었다
묵묵히 긴 밤을 지새운 아침
사람들은 차디찬 길바닥에 깔린 눈을 보았다
아무도 눈이 왜 거기 와 있는가를 말하지 않았다

《개밥풀》(창작과비평사)

이동순 시인이 갈라진 민족 구성원의 서러운 삶에다 시의 뿌리를 내리기 시작할 무렵에 발표한 작품이다.

여기서 산맥은 얼마나 높은 곳인가. 하늘에서 내리는 눈마저 넘을 수 없는 그곳은 아마 철조망이 둘러쳐 있을 것이다. 산맥 저편으로도 내리고 싶은 눈은 산맥 이편에 사는 사람들의 꿈의 표상이다. 꿈은 결국 산을 넘지 못하고 중턱에 쓰러진다. 쓰러져 죽어서도 산맥 저편으로 내리고 싶다고 말하는 것은 도저히 그 꿈을 포기할 수 없다는 뜻이다.

그러나 꿈을 꾸는 게 죄가 되던 시절에 사람들은 꿈에 대해서 말하지 않는 게 상책이라고 생각하기도 하였다.

세월에 대하여

이성복

1
석수石手의 삶은 돌을 깨뜨리고 채소 장수의 삶은
하루 종일 서 있다 몬티를 닮은 내 친구는
동시상영관에서 죽치더니 또 어디로 갔는지
세월은 갔고 세월은 갈 것이고 이천 년 되는 해
아침 나는 손자를 볼 것이다 그래 가야지
천국으로 통하는 차들은 바삐 지나가고
가로수는 줄을 잘 맞춘다 저기, 웬 아이가
쥐꼬리를 잡고 빙빙 돌리며 씽긋 웃는다

세월이여, 얼어붙은 날들이여
야근하고 돌아와 환한 날들을 잠자던 누이들이여

2
피로의 물줄기를 타넘다 보면 때로 이마에
뱀딸기꽃이 피어 오르고 그건 대부분
환영幻影이었고 때로는 정말 형님이 아들을 낳기도
했다 아버지가 으흐허 웃었다 발가벗은
나무에서 또 몇 개의 열매가 떨어졌다 때로는
얼음 깔린 하늘 위로 붉은 말이 연탄을

끌고 갔다 그건 대부분 환영이었고 정말
허리 꺾인 아이들이 철 지난 고추나무처럼
언덕에 박혀 있기도 했다 정말 거세된
친구들이 유행가를 부르며 사라져 갔지만
세월은 흩날리지 않았다 세월은 신다 버린 구두
속에서 곤한 잠을 자다 들키기도 하고
때로는 총알 맞은 새처럼 거꾸로 떨어졌다
아버지는 으흐허 웃고만 있었다 피로의 물줄기를
타넘다 보면 때로 나는 높은 새집 위에서
잠시 쉬기도 하였고 그건 대부분 환영이었다

3
세월은 갔고 아무도 그 어둡고 깊은 노린내 나는
구멍으로부터 돌아오지 못했다 몇 번인가 되돌아온
편지 해답은 언제나 질문의 잔해였고 친구들은
태엽 풀린 비행기처럼 고꾸라지곤 했다 너무
피곤해 수음手淫을 할 수 없을 때 어른거리던
하얀 풀뿌리 얼어붙은 웅덩이 세월은 갔고
매일매일 작부들은 노래 불렀다 스물세 살,
스물네 살 나이가 담뱃진에 노랗게 물들 때까지

또 나는 열한 시만 되면 버스를 집어 탔고

세월은 갔다 봉제 공장 누이들이 밥 먹는 30분 동안
다리미는 세워졌고 어느 예식장에서나 30분마다
신랑 신부는 바뀌어 갔다 세월은 갔다 변색한
백일 사진 화교華僑들의 공동묘지 싸구려 밥집 빗물
고인 길바닥, 나뭇잎에도 세월은 갔다 한 아이가
세발 자전거를 타고 번잡한 찻길을 가고 있었다
어떤 사람은 불쌍했고 어떤 사람은 불쌍한
사람을 보고 울었다 아무것도 그 비리고 어지러운
숨 막히는 구멍으로부터 돌아오지 못했다

4

나는 세월이란 말만 들으면 가슴이 아프다
나는 곱게곱게 자라왔고 몇 개의 돌부리 같은
사건들을 제외하면 아무 일도 없었다 중학교
고등학교 그 어려운 수업시대, 욕정과 영웅심과
부끄러움도 쉽게 풍화했다 잊어버릴 것도 없는데
세월은 안개처럼, 취기처럼 올라온다
웬 들 판 이 이 렇 게 넓 어 지 고

얼마나빨간작은꽃들이지평선끝까지아물거리는가

                    그해
              자주 눈이 내리고
          빨리 흙탕물로 변해 갔다
나는 밤이었다 나는 너와 함께
기차를 타고 민둥산을 지나가고 있
었다 이따금 기차가 멎으면 하얀 물체가
어른거렸고 또 기차는 떠났다…… 세월은 갔다

어쩌면 이런 일이 있었는지도 모른다

                    내가
                  돌아서
              출렁거리는
어둠 속으로 빠져 들어갈 때
너는 발을 동동 구르며
          부서지기 시작했다
아무 소리도
            들리지 않았다

(나는 너를 사랑했다
나는 네가 잠자는 두 평 방이었다
인형 몇 개가 같은 표정으로 앉아 있고
액자 속의 교회에서는 종소리가 들리는……
나는 너의 방이었다
네가 바라보는 풀밭이었다
풀밭 옆으로 숨죽여 흐르는 냇물이었다
그리고 나는 아무것도 아니었다
문득 고개를 떨군 네
마음 같은,
한줌
공기였다)

세월이라는 말이 어딘가에서 나를 발견할 때마다
하늘이 눈더미처럼 내려앉고 전깃줄 같은 것이
부들부들 떨고 있는 것을 본다 남들처럼
나도 두어 번 연애에 실패했고 그저 실패했을
뿐, 그때마다 유행가가 얼마만큼 절실한지
알았고 노는 사람이나 놀리는 사람이나 그리
행복하지 않다는 것을 알아야 했다 세월은

언제나 나보다 앞서 갔고 나는 또 몇 번씩

그 비좁고 습기찬 문간을 지나가야 했다

《뒹구는 돌은 언제 잠깨는가》 (문학과지성사)

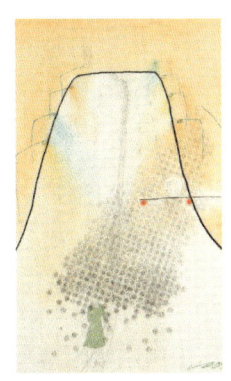

　　　　까머리 고등학생 시절, 우리는 선배들을 따라 대구 YMCA 건너
편에 있는 양지다방에 겁도 없이 들락거렸다.
　1979년 가을쯤이었던가, 대구에 장정일이라는 희귀종이 출현하기 이
전이었을 것이다. 장정일이 첫 시집《햄버거에 대한 명상》서문에 '나의
스승'이라고 밝힌 박기영이라는 또 다른 희귀종이 어느 날 우리에게 근
엄하게 지시하였다. 중앙로 대구서적에 빨리 뛰어가서 계간지 한 권을
사 오라고. 우리는 영문도 모른 채 주머니를 털어 그가 시킨 대로《세계
의 문학》을 사다 주었다. 그러나 그 책값에 대해서는 오늘날까지 일언반
구도 없다.
　다만 우리는 그 날, 이성복이라는 예사롭지 않은 젊은 시인의 출현 소
식을 박기영으로부터 전해 들으면서 이성복의 시에 정신없이 빠져들기
시작했던 것이다.

이름

이시영

밤이 깊어갈수록
우리는 누군가를 불러야 한다
우리가 그 이름을 부르지 않았을 때
잠시라도 잊었을 때
채찍 아래서 우리를 부르는 뜨거운 소리를 듣는다

이 밤이 깊어갈수록
우리는 누구에게로 가야 한다
우리가 가기를 멈췄을 때
혹은 가기를 포기했을 때
칼자욱을 딛고서 오는 그이의
아픈 발소리를 듣는다

우리는 누구인가를 불러야 한다
우리는 누구에게로 가야 한다
대낮의 숨통을 조이는 것이
형제의 찬 손일지라도

언젠가는 피가 돌아
고향의 논둑을 더듬는 다순 낮이 될지라도

오늘 조인 목을 뽑아

우리는 그에게로 가야만 한다

그의 이름을 불러야 한다

부르다가 쓰러져 그의 돌이 되기 위해

가다가 멈춰 서서 그의 장승이 되기 위해

《만월》(창작과비평사)

<big>고</big>등학교 3학년 때였다. 학원문학상에 당선된 후에 서울에 있는 학원사 편집부에 간 적이 있었다. 검은 뿔테 안경을 쓰고, 입술이 좀 두터운 꺼벙한 사람이 편집장이라고 자신을 소개했다.
"자네는 어떤 시를 좋아하나?"
그는 틀림없이 나를 소월이나 윤동주 쯤을 좋아하는 풋내기 문학소년으로 보았을 것이다.
나는 지체없이 대답했다.
"요즈음은 황동규의《三南에 내리는 눈》하고 이시영의《만월》을 좋아합니다."
그 꺼벙한 편집장이, 그래? 하는 놀란 표정으로 웃었다.
그가 바로 이시영 시인이었다.

〈이름〉을 두고, 폭압의 시대에 맞서고자 하는 시인의 열정이 현실의 구체성과 충분히 교감하지는 못하고 있다고 꼬집을 수도 있을 것이다. 그러나 시인이 '우리는 누군가를 불러야 한다'고 발언했을 때, 나도 정말 누군가를 애터지게 부르고 싶었다. 김춘수 시인이 '내가 그의 이름을 불러주었을 때 / 그는 나에게로 와서 / 꽃이 되었다'라고 말할 때와는 차원이 다른, 구체적이고 절실한 호명이라는 생각이 들었던 것이다.

분홍강

이하석

내 쓸쓸한 날 분홍강 가에 나가
울었지요, 내 눈물 쪽으로 오는 눈물이
있으리라 믿으면서.
사월, 푸른 풀 돋아나는 강 가에
고기떼 햇빛 속에 모일 때
나는 불렀지요, 사라진 모든 뒷모습들의
이름들을.

당신은 따뜻했지요.
한때 우리는 함께 이 곳에 있었고
분홍강 가에 서나 앉으나 누워있을 때나
웃음은 웃음과 만나거나
눈물은 눈물끼리 모였었지요.

지금은 바람 불고 찬 서리 내리는데
분홍강 먼 곳을 떨어져 흐르고
내 창 가에서 떨며 회색으로 저물 때
우리들 모든 모닥불과 하나님들은
다 어디 갔나요?
천의 강물 소리 일깨워

분홍강 그 위에 겹쳐 흐르던.

《유리 속의 폭풍》 (문학사상사)

《유리 속의 폭풍》은 시선집이다. 하지만 내 마음속 이하석 시집의 맨 앞쪽에는 반드시 〈분홍강〉이 흐른다. 광물적 상상력, 식물적 상상력, 생태학적 상상력과 같은 수식어들이 시인을 따라다니기 전에 〈분홍강〉은 나에게 깊숙이 흘러왔다. 열여덟 살 나는 그 때 주체할 수 없는 슬픔 때문에 울었던가. 강가로 나가 따뜻한 당신을 그리워했던가. 내가 분홍강이 되어 흐르면서 사라진 모든 뒷모습들의 이름을 부르고 싶었던가.

나, 어렸을 적에 '분홍강'이 그리워 기어이 〈분홍지우개〉라는 시를 한 편 쓴 적도 있다.

분홍지우개로
그대에게 쓴 편지를 지웁니다
설레이다 써버린 사랑한다는 말을
조금씩 조금씩 지워나갑니다
그래도 지운 자리에 다시 살아나는
그대 보고 싶은 생각
분홍지우개로 지울 수 없는
그리운 그 생각의 끝을
없애려고 혼자 눈을 감아 봅니다
내가 이 세상에서 지워질 것 같습니다

내 살던 뒤안에

정양

참새떼가 요란스럽게 지저귀고 있었다

아이들이 모여들고
감꽃들이
새소리처럼 깔려 있었다

아이들의 손가락질 사이로
숨죽이는 환성들이 부딪치고
감나무 가지 끝에서 구렁이가
햇빛을 감고 있었다

아이들의 팔매질이 날고
새소리가 감꽃처럼
털리고 있었다
햇빛이 치잉칭 풀리고 있었다
햇살 같은 환성들이
비늘마다 부서지고 있었다

아아, 그때 나는 두근거리며
팔매질당하는 한 마리

구렁이가 되고 싶었던가……
꿈자리마다 사나운
몰매 내리던 내 청춘을
몰매 속 몰매 속 눈감은 틈을
구렁이가 사라지고 있었다
햇살이, 빛나는 머언
실개울이 환성들이
감꽃처럼 털리고 있었다

햇빛이 익은 흙담을 끼고
구렁이가 사라지고 있었다
가뭄 타는 보리밭 둔덕길을 허물며
팔매질하며 아이들이 따라가고 있었다

감나무 푸른 잎새 사이로
두근거리며 감꽃들이 피어 있었다

《까마귀떼》 (문학동네)

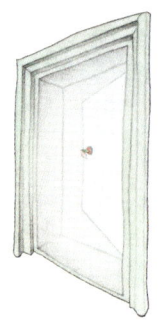

<u>한</u> 20년 전, 이 시를 처음 읽을 때부터 '있었다'라는 종결어미가 끝까지 끈질기게 이어지고 '있었다'. 마치 햇빛을 감았다가 풀면서 사라지는 구렁이처럼.

웬만한 독자라면 이 구렁이가 여기서 빠져나가 윤흥길의 소설 《장마》속에서 또 한 번 꿈틀거리는 것을 본 적이 있을 것이다. 실제로 윤흥길이 《장마》를 집필할 무렵, 절친한 동무인 정양 시인의 이 시를 읽고 소설의 결말 부분을 멋들어지게 마무리할 수 있었다고 한다.

오늘 다시 시를 꺼내보니, 순정한 우리말이 시 전체에 감꽃처럼 깔려 있구나. 그리고 내가 영화 감독이라면, 한 15분 짜리 영상으로 만들어도 좋을, 시나리오 같은 장면들이 나란히 펼쳐져 있구나.

벼랑끝

조정권

그대 보고 싶은 마음 죽이려고
산골로 찾아갔더니, 때아닌
단풍 같은 눈만 한없이 내려
마음 속 캄캄한 자물쇠로
점점 더 벼랑끝만 느꼈습니다
벼랑끝만 바라보며 걸었습니다
가다가 꽃을 만나면
마음은
꽃망울 속으로 가라앉아
재와 함께 섞이고
벼랑끝만 바라보며 걸었습니다

《비를 바라보는 일곱 가지 마음의 형태》 (문학동네)

이 아름다운 시를 읽고 나서 나는 시의 벼랑 끝만 바라보며 걸었습니다. 걷다가 어느 틈엔가 시를 잃어버렸습니다. 마음속에 캄캄한 자물쇠가 열리지 않았습니다. 그러다가 출판사 문학동네에서 다시 출간한 시집 《비를 바라보는 일곱 가지 마음의 형태》를 만났습니다. 거기서 〈벼랑끝〉을 찾아 다시 벼랑끝만 바라보며 걸었습니다.

즐거운 편지

황동규

1

내 그대를 생각함은 항상 그대가 앉아 있는 배경에서 해가 지고 바람이 부는 일처럼 사소한 일일 것이나 언젠가 그대가 한없이 괴로움 속을 헤매일 때에 오랫동안 전해오던 그 사소함으로 그대를 불러 보리라.

2

진실로 진실로 내가 그대를 사랑하는 까닭은 내 나의 사랑을 한없이 잇닿은 그 기다림으로 바꾸어 버린 데 있었다. 밤이 들면서 골짜기엔 눈이 퍼붓기 시작했다. 내 사랑도 어디쯤에선 반드시 그칠 것을 믿는다. 다만 그때 내 기다림의 자세姿勢를 생각하는 것뿐이다. 그 동안에 눈이 그치고 꽃이 피어나고 낙엽이 떨어지고 또 눈이 퍼붓고 할 것을 믿는다.

《三南에 내리는 눈》 (민음사)

박 신양과 최진실이 주연한 영화 〈편지〉가 아니었다면, 이 시를 내 마음 더 깊은 곳에 숨겨 둘 수 있었을 텐데!

스물 몇 살 무렵,
문학청년 시절에 좋아하던

詩

대청봉大靑峰 수박밭

고형렬

청봉이 어디인지. 눈이 펑펑 소청봉에 내리면 이 여름밤
나와 함께 가야 돼. 상상을 알고 있지
저 큰 산이 대청봉이지.
큼직큼직한 꿈 같은 수박
알지. 와선대 비선대 귀면암 뒷길로
다시 양폭으로, 음산한 천불동
삭정이 뼈처럼 죽어 있던 골짜기를 지나서
그렇게 가면 되는 거야. 너는 길을 알고 있어
아무도 찾지 못해서 지난 주엔 모두 바다로 떠났다고 하더군
애인이라도 있었더라면, 그나 나나 행복했을 것이다.

너는 놀라지 않겠지. 누가 저 산꼭대기에
수박을 가꾸겠어.
그러나 선들거리는 청봉 수박밭에 가면 얼마나 큰 만족 같
은 것으로 겁劫 속에
하룻밤을 지내고 돌아와서
사는 거야. 별 거겠니 겨울 최고봉의 추위를 느끼면서
걸어. 서릿발 친, 대청봉 수박밭을 걸어.
그 붉은 속살을 마실 수 있겠지.

어느 쑥돌 널린 들판에 앉듯, 대청봉
바다 옆에서 모자를 벗으면 가죽구두를 너도 벗어 놓고 시원해서
원시 말이야, 그 싱싱한 생명 말이야
상상력을 건든다.
하늘에서 들리는 파도소리로
삼경까진 오겠지 기다리지 못하면 시인과 동고할 수 없겠고
그게 백두산과 닮았다고 하면 그만큼 이해할 수 없고
그래서 맨발로 눈이 새하얗게 덮인, 아니지, 달빛에 비친 흰 이슬을 밟으며
나는 청봉으로 떠난다.

독재로 너의 손목을 잡고
나는 굴복시켜야 돼 너는 사랑할 줄 아니.
한 가마 옥수수를 찌는 여인의 밤
그 밤만 가지고, 너와 나 우리 모두 노래할 수 있는가
가구를 들고 청봉 수박 마시러 나와 간다, 세상은 다 내 책임이었냐는 듯이 가기로 했다.

이 '대청봉 수박밭' 속에 생각이 있다고 털어놓건

비유인지 노래인지, 그것이 표명인지
거짓 같지 않은 뜬소문 때문에
나는 언제고 올 테니까.
대청봉에서 너와 가슴을 내놓고
여행을 왔노라며, 기막힌 수박인데 하고 뭐라고 할까.

설악산 대청봉 수박밭!
생각이 떠오르지 않다니
그것이 공산 아니면 얼음처럼 녹고 있는 별빛에 섞여서 바람이 불고, 수박 같은 달이다. 아니다
수박만한 눈송이가 펑펑 쏟아지면
상상이다 아니다
할 수 있을까.

《대청봉 수박밭》 (문학동네)

  나는 그이를 형렬이 형, 이라고 부른다. 내가 문단에 갓 고개를 내밀었을 때부터 만나 온 그이는 우리 큰집의 사촌 형 같다. 그이는 정말 형처럼 말을 하고, 형처럼 술을 따라 주고, 형처럼 빙긋이 웃으며 나를 바라본다. 안경 속의 쌍꺼풀진 눈에서 눈꼬리가 보기 좋게 갈라져 퍼지는 그이의 그 순정한 웃음이 나는 참 좋다.
  그런데 〈대청봉 수박밭〉은 파격적일 정도로 활달한 시다. 상투화된 시의 문법에 익숙한 이들은 이 시를 읽으며, 뭐 이런 횡설수설이 다 있나, 하고 입술을 삐죽거릴지도 모르겠다. 그런 사람들은 설악산 대청봉에 정말 수박밭이 있는지를 먼저 확인하고 싶을 것이다.
  그래, 정말로 대청봉에 수박밭이 있냐고? 그걸 묻기 전에 시를 한 번 더 읽으라. 당신의 상상력을 꺼내 마음껏 부려 보라.

사평역에서

곽재구

막차는 좀처럼 오지 않았다
대합실 밖에는 밤새 송이눈이 쌓이고
흰 보라 수수꽃 눈시린 유리창마다
톱밥난로가 지펴지고 있었다
그믐처럼 몇은 졸고
몇은 감기에 쿨럭이고
그리웠던 순간들을 생각하며 나는
한줌의 톱밥을 불빛 속에 던져주었다
내면 깊숙이 할말들은 가득해도
청색의 손바닥을 불빛 속에 적셔두고
모두들 아무 말도 하지 않았다
산다는 것이 때론 술에 취한 듯
한 두릅의 굴비 한 광주리의 사과를
만지작거리며 귀향하는 기분으로
침묵해야 한다는 것을
모두들 알고 있었다
오래 앓은 기침소리와
쓴 약 같은 입술담배 연기 속에서
싸륵싸륵 눈꽃은 쌓이고
그래 지금은 모두들

눈꽃의 화음에 귀를 적신다
자정 넘으면
낯섦음도 뼈아픔도 다 설원인데
단풍잎 같은 몇 잎의 차창을 달고
밤열차는 또 어디로 흘러가는지
그리웠던 순간들을 호명하며 나는
한줌의 눈물을 불빛 속에 던져 주었다.

《사평역에서》 (창작과비평사)

널리 알려졌다시피, 1981년 중앙일보 신춘문예 당선 작품이다. 그해 첫 날, 첫 아침에 이 시를 대한 사람들은 이 따뜻한 시의 향기를 오래도록 잊지 못한다.

 실제로 우리 나라 어디에도 사평역은 없다. 그러나 시를 읽고 나면 누구나 사평역에서 기차를 기다려 본 듯한 착각에 빠진다. 시인이 설정해 놓은 풍경이 그만큼 우리들의 보편적 정서를 정확하게 두드리고 있기 때문이리라. '싸륵싸륵 눈꽃은 쌓이고'라든가 '단풍잎 같은 몇 잎의 차창'이라는 사소한 표현도 시에 생기를 더하는 데 크게 일조하고 있다.

비망록

김경미

햇빛에 지친 해바라기가 가는 목을 담장에 기대고 잠시 쉴 즈음, 깨어 보니 스물네 살이었다. 신은, 꼭꼭 머리카락까지 조리며 숨어 있어도 끝내 찾아주려 노력치 않는 거만한 술래여서 늘 재미가 덜했고 타인은 고스란히 이유 없는 눈물 같은 것이었으므로,

스물네 해째 가을은 더듬거리는 말소리로 찾아왔다. 꿈 밖에서는 날마다 누군가 서성이는 것 같아 달려나가 문 열어보면 아무 일 아닌 듯 코스모스가 어깨에 묻은 이슬 발을 툭툭 털어내며 인사했다. 코스모스 그 가는 허리를 안고 들어와 아이를 낳고 싶었다. 석류속처럼 붉은 잇몸을 가진 아이.

끝내 아무 일도 없었던 스물네 살엔 좀더 행복해져도 괜찮았으련만. 굵은 입술을 가진 산두목 같은 사내와 좀더 오래 거짓을 겨루었어도 즐거웠으련만. 이리 많이 남은 행복과 거짓에 이젠 눈발 같은 이를 가진 아이나 웃어줄는지. 아무 일 아닌 듯.   해도,

절벽엔들 꽃을 못 피우랴. 강물 위인들 걷지 못하랴. 문득 깨어나 스물다섯이면 쓰다 만 편지인들 다시 못 쓰랴. 오래 소식 전하지 못해 죄송했습니다. 실낱처럼 가볍게 살고 싶어

서였습니다. 아무것에도 무게 지우지 않도록.

《쓰다만 편지인들 다시 못 쓰랴》 (실천문학사)

지나간 이야기지만, 나는 〈비망록〉에 감정이 많은 사람이다. 내가 투고한 시를 밀어내고 신춘문예에 당선된 작품이기 때문이다. 그 해, 나는 당선 소감까지 미리 써 놓고, 상금을 받아 갚을 요량으로 외상 술을 마시며 신문사로부터 연락이 오기를 기다렸는데 연락은커녕 이 시 덕분에 나는 낙선의 쓴맛을 보아야 했던 것이다.

이 시가 신문에 실린 날, 심사평 끄트머리에 턱을 걸고 있는 내 시의 제목을 보면서 나는 괴롭고 외로웠지만, 시를 다 읽고 나서는 그 괴로움과 외로움이 봄눈 녹듯이 사라졌다.

가까운 마을을 산책하는 듯한 경쾌한 시의 발걸음 소리, 산뜻한 비유, 청춘의 무거움을 아무렇지도 않은 듯 톡톡 털어내는 잠언적 시구들에 나는 홀리고 말았다. 어두운 나의 스물 몇 살을 환하게 비춰주는 시였다.

도다리를 먹으며

김광규

일찍부터 우리는 믿어 왔다
우리가 하느님과 비슷하거나
하느님이 우리를 닮았으리라고

말하고 싶은 입과 가리고 싶은 성기의
왼쪽과 오른쪽 또는 오른쪽과 왼쪽에
눈과 귀와 팔과 다리를 하나씩 나누어 가진
우리는 언제나 왼쪽과 오른쪽을 견주어
저울과 바퀴를 만들고 벽을 쌓았다

나누지 않고는 견딜 수 없이
자유롭게 널려진 산과 들과 바다를
오른쪽과 왼쪽으로 나누고

우리의 몸과 똑같은 모양으로
인형과 훈장과 무기를 만들고
우리의 머리를 흉내내어
교회와 관청과 학교를 세웠다
마침내는 소리와 빛과 별까지도
왼쪽과 오른쪽으로 나누고

이제는 우리의 머리와 몸을 나누는 수밖에 없어
생선회를 안주삼아 술을 마신다
우리의 모습이 너무나 낯설어
온몸을 푸들푸들 떨고 있는
도다리의 몸뚱이를 산 채로 뜯어 먹으며
묘하게도 두 눈이 오른쪽에 몰려 붙었다고 웃지만

아직도 우리는 모르고 있다
오른쪽과 왼쪽 또는 왼쪽과 오른쪽으로
결코 나눌 수 없는
도다리가 도대체 무엇을 닮았는지를

《우리를 적시는 마지막 꿈》 (문학과지성사)

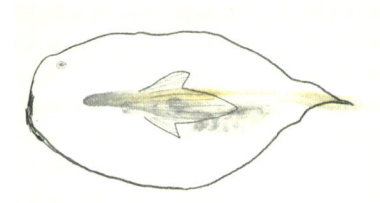

　　　　김광규 시인은 일상 속에 깃든 존재의 비밀을 이해하기 쉬운 말과 어법으로 차분하게 탐색하는 시인이다. 독자를 설득하기 위해 목소리를 높이는 법이 없으며, 과장된 몸짓이나 수사를 억지로 활용하지도 않는다. 시인의 발성법은 어떻게 보면 밋밋하기 그지없다. 그러나 그 밋밋함 속을 자세히 들여다보면 삶에 대한 만만치 않은 통찰이 번뜩거리곤 한다. 이 시도 예외는 아니다.

　도다리 생선회를 먹는 행위는 대수로울 게 없는 일상에 속한다. 살아 있는 신선한 생선을 먹는다는 쾌감 뒤에는 약육강식이라는 먹이사슬의 슬픔만 앙상하게 남을 뿐이다. 그러나 시인의 관심은 혀끝에 닿는 즐거움이나 종교적 연민 따위에 머물지 않는다.

　시인은 오히려 현실적이다. 두 눈이 오른쪽에 몰려 붙어 있는 도다리를 통해 시인은 나누고 분해하는 데 길들여진 인간을 본다. 둘로 나누어진 인간의 문화와 정치와 사상을 돌아보라고 권한다. 김광규 시인만큼 현실주의에 철저한 시인이 또 있을까.

참깨를 털면서

김준태

산그늘 내린 밭귀퉁이에서 할머니와 참깨를 턴다.
보아하니 할머니는 슬슬 막대기질을 하지만
어두워지기 전에 집으로 돌아가고 싶은 젊은 나는
한 번을 내리치는 데도 힘을 더한다.
세상사에는 흔히 맛보기가 어려운 쾌감이
참깨를 털어대는 일엔 희한하게 있는 것 같다.
한 번을 내리쳐도 셀 수 없이
솨아솨아 쏟아지는 무수한 흰 알맹이들
도시에서 십 년을 가차이 살아온 나로선
기가 막히게 신나는 일인지라
휘파람을 불어가며 몇 다발이고 연이어 털어댄다.
사람도 아무 곳에나 한 번만 기분좋게 내리치면
참깨처럼 솨아솨아 쏟아지는 것들이
얼마든지 있을 거라고 생각하며 정신없이 털다가
"아가, 모가지까지 털어져선 안 되느니라"
할머니의 가엾어하는 꾸중을 듣기도 했다.

《참깨를 털면서》(창작과비평사)

행갈이를 하지 않으면 산문에 가까운 평이한 문장이 되풀이되고 있음에도 시가 커다란 울림을 주는 이유가 무엇일까.

우선, '느림—빠름' '늙음—젊음' '시골—도시' '나의 일시적 노동—할머니의 지속적 노동'과 같은 대조의 장면들이 마지막 부분과 잘 어울리고 있는 점을 들 수 있겠다. 할머니의 꾸중 한마디는 시의 흐름을 일방적으로 주도해왔던 화자를 한순간에 물러나게 한다. 그리고는 할머니를 부상시키면서 상황을 역전시켜 화자와 독자를 깨달음의 공간으로 함께 데리고 간다.

또 하나는 '모가지'라는 말이 주는 묘한 느낌이 시에 강한 느낌표를 찍고 있는 점이다. 여기서 모가지는 열매를 온전하게 담고 있는 그릇인 동시에, 끊어져서는 안 되는, 마지막까지 지켜야 하는 그 무엇인 것이다. 그것은 삶의 근본이나 본질에 가까운 것이다. 그러니까 이 시는 참깨를 터는 사소한 행위를 통해 삶에서 중요한 게 무엇인지를 진지하게 묻는 시라고 할 수 있겠다.

푸른 옷

김지하

새라면 좋겠네
물이라면 혹시는 바람이라면

여윈 알몸을 가둔 옷
푸른 빛이여 바다라면
바다의 한때나마 꿈일 수나마 있다면

가슴에 꽂히어 아프게 피 흐르다
굳어버린 네모의 붉은 표지여 네가 없다면
네가 없다면
아아 죽어도 좋겠네
재 되어 흩날리는 운명이라도 나는 좋겠네

캄캄한 밤에 그토록
새벽이 오길 애가 타도록
기다리던 눈들에 흘러넘치는 맑은 눈물들에
영롱한 나팔꽃 한 번이나마 어릴 수 있다면
햇살이 빛날 수만 있다면

꿈마다 먹구름 뚫고 열리든 새푸른 하늘

쏟아지는 햇살 아래 잠시나마 서 있을 수만 있다면
좋겠네 푸른 옷에 갇힌 채 죽더라도 좋겠네

그것이 생시라면
그것이 지금이라면
그것이 끝끝내 끝끝내
가리워지지만 않는다면.

《김지하 시전집 1》 (솔)

80년대 초만 해도 복사기가 일반화되지 않아서 우리는 마음에 드는 시가 있으면 손으로 자주 베껴 쓰곤 하였다. 판매금지 조치에 발이 묶여 있던 김지하의 《황토》는 소장하고 있는 사람조차도 워낙 장롱 깊숙이 숨겨둔 터라 구경하기가 힘들었다. 어쩌다 잡지 같은 데서 그의 시를 발견하면 나는 공책에다 필사를 하곤 하였다. 자취방이나 하숙방에서 김지하의 시를 돌려가며 읽는 밤은 괜시리 머릿속에 날카로운 파란 불이 켜지는 것 같았다.

그러나 그의 시를 읽는 가슴은 오히려 뜨겁게 달아오르기 일쑤였으니, 고난의 시절에 시가 무엇인지를, 시가 어떠해야 하는지를 우리는 김지하를 통해 배우고 알았다.

이 시에 내장된 가락만 해도 신명이 아니면 뿜어져 나올 수 없는 게 아닌가.

제주濟州 바다·I

문충성

　누이야, 원래 싸움터였다
　바다가 어둠을 여는 줄로 너는 알았지?
　바다가 빛을 켜는 줄로 알고 있었지?
　아니다, 처음 어둠이 바다를 열었다 빛이
　바다를 열었지, 싸움이었다
　어둠이 자그만 빛들을 몰아내면 저 하늘 끝에서 힘찬 빛들이 휘몰아와 어둠을 밀어내는
　괴로워 울었다 바다는
　괴로움을 삭이면서 끝남이 없는 싸움을 울부짖어 왔다

　누이야, 어머니가 한 방울 눈물 속에 바다를 키우는 뜻을 아느냐, 바늘귀에 실을 꿰시는
　한반도의 슬픔을, 바늘 구멍으로
　내다보면 땀 냄새로 열리는 세상
　어머니 눈동자를 찬찬히 올려다보라
　그곳에도 바다가 있어 바다를 키우는 뜻이 있어
　어둠과 빛이 있어 바닷속
　그 뜻의 언저리에 다가갔을 때 밀려갔다
　밀려오는 일상의 모습이며 어머니가 짜고 있는 하늘을

제주 사람이 아니고는 진짜 제주 바다를 알 수 없다
누이야, 바람 부는 날 바다로 나가서 5월 보리 이랑
일렁이는 바다를 보라 텀벙텀벙
너와 나의 알몸뚱이 유년이 헤엄치는
바다를 보라, 겨울날
초가 지붕을 넘어 하늬바람 속 까옥까옥
까마귀 등을 타고 제주의
겨울을 빚는 파도 소리를 보라
파도 소리가 열어 놓는 하늘 밖의 하늘을 보라, 누이야

《제주 바다》(문학과지성사)

이 시를 제대로 맛보려면 첫째 연부터 급박하게 전개되는 리듬에 우선 취해야 한다. 주어가 생략된 문장, 빛과 어둠의 대조, 누이를 향한 문답법식 진술, 불규칙한 행갈이 등이 모두 시의 호흡을 숨가쁘게 만드는 데 기여하고 있다. 제주 바다는 조용히 관조하는 한갓진 바다가 아니라 파도 치는 삶의, 고난의 바다이기 때문이다.

첫사랑

박남철

고등학교 다닐 때
버스 안에서 늘 새침하던
어떻게든 사귀고 싶었던
포항여고 그 계집애
어느 날 누이동생이
그저 철없는 표정으로
내 일기장 속에서도 늘 새침하던
계집애의 심각한 편지를
가져 왔다.

그날 밤 달은 뜨고
그 탱자나무 울타리 옆 빈터
그 빈터엔 정말 계집애가
교복 차림으로 검은 운동화로
작은 그림자를 밟고 여우처럼
꿈처럼 서 있었다 나를
허연 달빛 아래서
기다리고 있었다.

그날 밤 얻어맞았다

그 탱자나무 울타리 옆 빈터
그 빈터에서 정말 계집애는
죽도록 얻어맞았다 처음엔
눈만 동그랗게 뜨면서 나중엔
눈물도 안 흘리고 왜
때리느냐고 묻지도 않고
그냥 달빛 아래서 죽도록
얻어맞았다.

그날 밤 달은 지고
그 또 다른 허연 분노가
면도칼로 책상 모서리를
나를 함부로 깎으면서
나는 왜 나인가
나는 왜 나인가
나는 자꾸 책상 모서리를
눈물을 흘리며 책상 모서리를
깎아댔다.

《지상의 인간》 (문학과지성사)

80년대 이른바 해체시의 대명사격인 시인의 초기 작품이다. 그냥 여학교라고 하지 않고 포항여고라고 쓴 것, 그녀 혹은 그 아이라고 하지 않고 그 계집애라고 한 것, 시적 화자의 난데없는 행동과 자책의 감정이 면도칼로 책상 모서리를 깎는 행위로 마무리되는 것 등 박남철다운 파괴술이 번뜩이는 시다. 그러니까 이 시는 시인이 시를 송두리째 해체하기 직전, 그 경계쯤에 놓인 시라고 할 수 있겠다.

한 잎의 여자女子

오규원

나는 한 女子를 사랑했네. 물푸레나무 한 잎같이 쬐그만 女子, 그 한 잎의 女子를 사랑했네. 물푸레나무 그 한 잎의 솜털, 그 한 잎의 맑음, 그 한 잎의 영혼, 그 한 잎의 눈, 그리고 바람이 불면 보일 듯 보일 듯한 그 한 잎의 순결과 자유를 사랑했네.

정말로 나는 한 女子를 사랑했네. 女子만을 가진 女子, 女子 아닌 것은 아무것도 안 가진 女子, 女子 아니면 아무것도 아닌 女子, 눈물 같은 女子, 슬픔 같은 女子, 병신 같은 女子, 시집 같은 女子, 그러나 누구나 영원히 가질 수 없는 女子, 그래서 불행한 女子.

그러나 영원히 나 혼자 가지는 女子, 물푸레나무 그림자 같은 슬픈 女子.

《사랑의 기교》 (민음사)

처음부터 반복되는 '여자'를 한글로 쓰지 않고 기어이 '女子'라고 씀으로써 시인의 언어주의는 생동감을 얻는다.
 이 시를 읽고 나서 한 번쯤 자기식대로 직유법 연습을 해 보지 않은 문학도가 있다면 그는 시인되기 영 글렀다.

 비스켓 같은 女子, 소주 같은 女子, 오징어 빨판 같은 女子, 촉촉한 빗물 같은 女子…….

갈매나무 한 그루

정인섭

개똥이는 눈 오는 겨울이면 방 안에 누워
버선을 뒤집고 놀았지만
봄이 오고
옛적 할매들같이
눈에 불쓰고 호미질하는 엄마 곁에서
고개 서늘한 소년이 되어 갔다

저 편
마른 산가에
깨끗이 입은 아이들만 서서
그늘은 한없이 깊었다

우물도 땅 밑에 맷돌을 둔 듯이 무겁고 긴 하늘을 담았다
새소리를 들으면서 나는
그 우물에 가만히 들어앉고는 하였다 누군가
개똥아, 부르는 소리가 났다

《나를 깨우는 우리들 사랑》 (문학과지성사)

> "문학과지성 편집 동인은 계간지의 추천을 대신해서, 처음으로, 한 권의 시집으로 정인섭 씨를 등장시킨다. 20대의 이 젊은 신인은 칼칼한 선비적 음성으로, 그러나 한말 이후 우리 민족에게 다가온 참담한 비극들에 대해 뜨거운 분노와 애정으로 노래한다."

1981년에 나온 시인의 첫 시집 앞머리에 붙어있는 글이다. 그는 《문학과지성》이 신군부 집단에 의해 폐간되는 바람에 시집을 들고 세상에 나왔다. 역사적 현실이 시적 자아와 어떻게 만나 갈등하고 화해하는지를 보여주는 독특한 시집이다.

이 시는 역사보다는 설화를 빌려 온 점이 이채롭다. 백석의 절창 〈남신의주유동박시봉방〉을 읽기 전에 나는 갈매나무라는 나무를 모르고 있었다. 그리고 보니 정인섭 시인은 나보다 훨씬 먼저 백석의 시에 그윽하게 물들었구나!

서울의 예수

정호승

1

예수가 낚싯대를 드리우고 한강에 앉아 있다. 강변에 모닥불을 피워 놓고 예수가 젖은 옷을 말리고 있다. 들풀들이 날마다 인간의 칼에 찔려 쓰러지고, 풀의 꽃과 같은 인간의 꽃 한 송이 피었다 지는데, 인간이 아름다워지는 것을 바라보기 위하여, 예수가 겨울비에 젖으며 서대문 구치소 담벼락에 기대어 울고 있다.

2

술 취한 저녁. 지평선 너머로 예수의 긴 그림자가 넘어간다. 인생의 찬 밥 한 그릇 얻어먹은 예수의 등 뒤로 재빨리 초승달 하나 떠오른다. 고통 속에 넘치는 평화, 눈물 속에 그리운 자유는 있었을까. 서울의 빵과 사랑과, 서울의 빵과 눈물을 생각하며 예수가 홀로 담배를 피운다. 사람의 이슬로 사라지는 사람을 보며, 사람들이 모래를 씹으며 잠드는 밤. 낙엽들은 떠나기 위하여 서울에 잠시 머물고, 예수는 절망의 끝으로 걸어간다.

3

목이 마르다. 서울이 잠들기 전에 인간의 꿈이 먼저 잠들어

목이 마르다. 등불을 들고 걷는 자는 어디 있느냐. 서울의 들길은 보이지 않고, 밤마다 잿더미에 주저앉아서 겉옷만 찢으며 우는 자여. 총소리가 들리고 눈이 내리더니, 사랑과 믿음의 깊이 사이로 첫눈이 내리더니, 서울에서 잡힌 돌 하나, 그 어디 던질 데가 없도다. 그리운 사람 다시 그리운 그대들은 나와 함께 술잔을 들라. 눈 내리는 서울의 밤하늘 어디에도 내 잠시 머리 둘 곳이 없나니, 그대들은 나와 함께 술잔을 들라. 술잔을 들고 어둠 속으로 이 세상 칼끝을 피해 가다가, 가슴으로 칼끝에 쓰러진 그대들은 눈 그친 서울밤의 눈길을 걸어가라. 아직 악인의 등불은 꺼지지 않고, 서울의 새벽에 귀를 기울이는 고요한 인간의 귀는 풀잎에 젖어, 목이 마르다. 인간이 잠들기 전에 서울의 꿈이 먼저 잠이 들어 아, 목이 마르다.

4

사람의 잔을 마시고 싶다. 추억이 아름다운 사람을 만나, 소주잔을 나누며 눈물의 빈대떡을 나눠 먹고 싶다. 꽃잎 하나 칼처럼 떨어지는 봄날에 풀잎을 스치는 사람의 옷자락 소리를 들으며, 마음의 나라보다 사람의 나라에 살고 싶다. 새벽마다 사람의 등불이 꺼지지 않도록 서울의 등잔에 홀로 불을 켜고, 가난한 사람의 창에 기대어 서울의 그리움을 그리워하고 싶다.

5

나를 섬기는 자는 슬프고, 나를 슬퍼하는 자는 슬프다. 나를 위하여 기뻐하는 자는 슬프고, 나를 위하여 슬퍼하는 자는 더욱 슬프다. 나는 내 이웃을 위하여 괴로워하지 않았고, 가난한 자의 별들을 바라보지 않았나니, 내 이름을 간절히 부르는 자들은 불행하고 내 이름을 간절히 사랑하는 자들은 더욱 불행하다.

《서울의 예수》(민음사)

내가 아는 한, 우리나라에서 시를 제일 잘 만지는 시인은 정호승이다. 시를 제일 잘 만드는 시인이라고 해도 좋다. 시를 쓰는 게 아니라 만든다고 해서 시인을 깎아내리기 위한 발언이라고 생각하지 말자.

시를 만드는 것을 두려워해서 경계하거나, 아예 만들 줄 모르는 시인이 있다면, 그는 즉흥적 음풍농월의 시절로 돌아가야 한다. 아니면 남들이 인정해 주지 않는 자신의 천재성만을 부여안고 감동이 없는 시를 써내는 데 일생을 소비해야 한다.

시를 만든다는 것은 기술에 속하는 일이지만, 그것은 시인의 직관과 삶의 태도와 열정의 도움 없이는 제대로 이루어질 수 없는 것이다. 어떻게 보면 시를 쓰는 것보다 만드는 게 더 어려운 일인지도 모른다.

정호승 시인이 아니면 〈서울의 예수〉를 만들 수 없다고 생각한다. 시는 이렇게 쓰면서 만드는 것이고, 만들면서 쓰는 것이다.

아버님 말씀

정희성

학생들은 돌을 던지고
무장경찰은 최루탄을 쏘아대고
옥신각신 밀리다가 관악에서도
안암동에서도 신촌에서도 광주에서도
수백 명 학생들이 연행됐다는
소식을 들을 때마다
피묻은 작업복으로 밤늦게
술취해 돌아온 너를 보고 애비는
말 못하고 문간에 서서 눈시울만 뜨겁구나
반갑고 서럽구나
평생을 발붙이고 살아온 터전에서
아들아 너를 보고 편하게 살라 하면
도둑놈이 되라는 말이 되고
너더러 정직하게 살라 하면
애비같이 구차하게 살라는 말이 되는
이 땅의 논리가 무서워서
애비는 입을 다물었다마는
이렇다 하게 사는 애비 친구들도
평생을 살 붙이고 살아온 늙은 네 에미까지도
이젠 이 애비의 무능한 경제를

대놓고 비웃을 줄 알고 더 이상
내 말에 귀를 기울이지 않는구나
그렇다 아들아, 실패한 애비로서
다 늙어 여기저기 공사판을 기웃대며
자식새끼들 벌어 먹이느라 눈치보는
이 땅의 가난한 백성으로서
그래도 나는 할말은 해야겠다
아들아, 행여 가난에 주눅들지 말고
미운 놈 미워할 줄 알고
부디 네 불행을 운명으로 알지 마라
가난하고 떳떳하게 사는 이웃과
네가 언제나 한몸임을 잊지 말고
그들이 네 힘임을 잊지 말고
그들이 네 나라임을 잊지 말아라
아직도 돌을 들고
피흘리는 내 아들아

《저문 강에 삽을 씻고》(창작과비평사)

먼 훗날, 지나간 1970년대와 1980년대가 어떤 연대였느냐고 누군가 묻거든 이 시를 꺼내 보여 주자.

개 같은 가을이

최승자

개 같은 가을이 쳐들어 온다.
매독 같은 가을.
그리고 죽음은, 황혼 그 마비된
한 쪽 다리에 찾아온다.

모든 사물이 습기를 잃고
모든 길들의 경계선이 문드러진다.
레코드에 담긴 옛 가수의 목소리가 시들고
여보세요 죽선이 아니니 죽선이지 죽선아
전화선이 허공에서 수신인을 잃고
한번 떠나간 애인들은 꿈에도 다시 돌아오지 않는다.

그리고 그리고 괴어 있는 기억의 폐수가
한없이 말 오줌 냄새를 풍기는 세월의 봉놋방에서
나는 부시시 죽었다 깨어난 목소리로 묻는다.
어디 만큼 왔나 어디까지 가야
강물은 바다가 될 수 있을까.

《이 시대의 사랑》 (문학과지성사)

"**개** 같은 가을이 쳐들어 온다
매독 같은 가을."

이 도발적 직유 하나로도 최승자는 시인이다.

저녁 바다와 아침 바다

최하림

광산촌의 여인은 보고 있었다 물에 뜬 붉은 바다
날빛 새들이 날아오르고 물결에 별들이
씻겨져 제 모습으로 갈앉고
상수리나무가 한 그루 흔들리고 있었다
키 작은 사내는 밤새도록 술을 마시다가
일천 피트 어둠 속으로 사라져갔으나
가도가도 막막한 어둠뿐 모두 다 뜨내기와 갈보뿐
낡아빠진 궤도차가 달리는 길목에서
어허와어허와 궤도차가 달리는 길목에서
우리들은 밤새도록 술을 마시고 젓가락을 두들기며 노래
불렀으나, 신참내기 전도사도 노래불렀으나 가슴의
멍울은 풀리지 않고 싸움도 끝나지 않았다
보이지 않는 슬픔만 달빛이 내리는
나무 그늘이라든가 산등에서 아주 낮게
흘러내리고 어떤 적의도 없이 흘러내리고
밤이 가고 아침이 오고
새들 무리가 무의미하게 날아오르고
물결에 흔들리는 여인의 얼굴 위로
상수리나무가 흔들리고 있었다.

《작은 마을에서》(문학과지성사)

1980년대 초 학교 앞 식당에서 아침밥을 먹다가 이 시를 처음 읽었다. 간밤에 들이마신 술로 속은 쓰린데, 식탁에 놓인 신문에 이 시가 실려 있었다. 주인 몰래 신문을 가방에 집어넣었다. 되는 일도 없고, 되지 않는 일도 없던, 캄캄하고 막막한 세월 속을 나는 통과하고 있었다. 그렇다고 슬픔이라든가 적의가 확연히 눈에 보이는 것도 아니었다.

 그러다가 또 밤새도록 술을 마시고 젓가락을 두드리며 노래 부르다가, 나는 불쑥불쑥 가슴속에서 이 시를 꺼내 읽기도 하였다.

항문의 끝

권혁진

입에서 항문까지는 참으로 멉니다
나의 평생은 이 긴 터널을 빠져나가는 일입니다
한 올의 광명도 없는 좁은 터널을 고통스럽게 지나가는 일입니다
끝내는 명부冥府로 이어지는 이 길은 깊어질수록 숨막힙니다
침에 젖고 피가 묻어 나는 천하게 하강합니다
구불텅구불텅 만신창이로 흘러갑니다
한치 앞이 두려운 동굴 밑에서 익사는 죄악입니다
죄악의 긴 세월 미로 속에서 나의 눈 나의 귀는 퇴화합니다
코가 지워지고 팔다리가 떨어지고 똥처럼 오줌처럼 변해 갑니다
평생의 눈물 평생의 절망과 오욕 마침내 나는 똥이 되고 오줌이 됩니다
그리고 참을 수 없이 항문 끝에서 나의 한 생은 끝이 납니다 털썩

《프리지아 꽃을 들고》 (문학과지성사)

입에서 항문까지의 거리는 태생에서 죽음까지의 거리이다. 죽음까지 가는 길은 멀고, 고통스럽고, 숨막히고, 천하게 하강하는 길이며, 만신창이가 되는 길이다. 삶이란, 결국 똥이 되고 오줌이 되는 길이다.

멸치

김기택

굳어지기 전까지 저 딱딱한 것들은 물결이었다
파도와 해일이 쉬고 있는 바닷속
지느러미의 물결 사이에 끼어
유유히 흘러다니던 무수한 갈래의 길이었다
그물이 물결 속에서 멸치들을 떼어냈던 것이다
햇빛의 꼿꼿한 직선들 틈에 끼이자마자
부드러운 물결은 팔딱거리다 길을 잃었을 것이다
바람과 햇볕이 달라붙어 물기를 빨아들이는 동안
바다의 무늬는 뼈다귀처럼 남아
멸치의 등과 지느러미 위에서 딱딱하게 굳어갔던 것이다
모래더미처럼 길거리에 쌓이고
건어물집의 푸석한 공기에 풀리다가
기름에 튀겨지고 접시에 담겨졌던 것이다
지금 젓가락 끝에 깍두기처럼 딱딱하게 잡히는 이 멸치에는
두껍고 뻣뻣한 공기를 뚫고 흘러가는
바다가 있다 그 바다에는 아직도
지느러미가 있고 지느러미를 흔드는 물결이 있다
이 작은 물결이
지금도 멸치의 몸통을 뒤틀고 있는 이 작은 무늬가
파도를 만들고 해일을 부르고

고깃배를 부수고 그물을 찢었던 것이다

《바늘 구멍 속의 폭풍》 (문학과지성사)

널리 알려진 대로 김기택은 꼼꼼한 세부 묘사로 시의 옷감을 짜는 시인이다. 이 시도 예외가 아니다. 마치 내시경 카메라로 멸치가 끓는 냄비 속을 보여주는 것 같다.

　병원의 내시경은 눈에 보이는 것만 보여 주지만, 시인의 내시경은 눈에 보이지 않는 것도 경이롭게 보여준다. 그 짭짤하고도 부드러운 상상력이라니!

배밭 속의 길

김명리

고사된 배나무밭 사이로 길은 사라지고 없다
이미 반 년도 넘게 한쪽 옆구리가 기우뚱한
적산가옥이 한 채,
한 겹의 얇은 슬레이트로
내려앉으려는 하늘을 간신히
떠받들고 있다
떠나가고 없는 사람들
죽은 나뭇가지에
여전히 매달려 있는 죽은 배나무 잎사귀들
쿵, 쿵쿵쿵
한때는 저 잘 익은 먹골배의 씨방 속에
한 종지의 설탕물처럼 제법 흥건히 깃들였을
두근거림 따위는
이제 완전히 사라지고 없는 것이다
누구든지 후려칠 기세로
앙상하게 배배 틀린 회초리 같은 배나무들
아직은 한 사나흘 더
죽은 나뭇가지에 악착같이
매달려 있는 죽은 배나무 잎사귀들!

《적멸의 즐거움》(문학동네)

<big>시</big>의 풍경은 쓸쓸하고 적막하다. 죽은 배나무밭, 낡은 적산가옥, 떠나간 사람들……. 그러나 시인은 죽음을 말하고 있는 게 아니다. 죽음은 여기서 하나의 배경이거나 소도구일 뿐이다.

　시인이 정작 말하고 싶은 것은, 지금 여기 없으나, 언젠가는 배나무밭을 가득 채우고 있었을, '흥건히 깃들였을 두근거림'이다. 그리고 '죽은 나뭇가지에 악착같이 매달려 있는 죽은 배나무 잎사귀들'이다. 그것들이 독자에게로 와서 생의 두근거림이 되기를 시인은 바라고 있는 게 아닐까.

　마치 물오른 가객의 노랫소리 같다.

해변의 엘레지

김은정

바닷가에 앉는다
어제의 내일이었지 지난날의 미래였지 오늘
햇살의 기울기가 낮게 저 건너 산을 끌고 간다
설명할 수 없는 것이 있다는 건 참으로 희망 아닌가

바람의 무게로 날리는 추억이 아직도 괭이질을 해대는 가슴 속은 차르르르 파도의 탄력을 붙잡는 갯바위의 손으로 가득하다 이미 각오한 대로 하오의 시계바늘에 긁혀 진한 생피를 쏟는다 젊음의 반을 넘어가고 있는 해의 눈동자 안으로 나를 밀어 넣는다 한 쪽이 아프면 다른 한 쪽의 아픔은 잠시 생각을 바꾸어 쉰다 세상의 소금기에 결절은 일상이 인색하게 몸을 비틀며 구부린다 다정히 데리고 온 것도 데리고 갈 것도 없는 삶의 벌판은 그래도 모서리를 문질러 많이 부드러워졌다 서글픈 웃음소리 알알이 당겨가는 그물 같은 하늘이 서쪽으로 쏟아지고 기억의 비탈에 다소곳이 붙은 소라고동 속으로 물결은 조심스럽다 일렁이는 파도의 그늘 아래 수궁가를 부르는 물새 까치발 선 눈시울 그렁그렁 저물 무렵 해가 한지 자락처럼 얇게 젖는다

오래오래 무겁게 들고 있던 마음을 겨우 내려 놓으면

도도한 능선이 나의 가슴 안으로 걸어 들어와

발 끝으로 천천히 세상을 민다

가만히 앉아 있어도 눈부시게 슬픈 날,

빗금 간 토기 같은 삶들은 먼 데 시선을 둔다

언제나 저쪽으로 괴는 눈길을 둔다

햇살이 시간을 노저어 가는 저 건너까지

저 너머 너머까지

《현대시학》 1998년 10월호

중앙일보를 펼치면 아침마다 만나는 지면에서 어느 날 고은 선생께서 일갈하시었다.

"신인이라 한다. 여러 편의 시를 보건대 많은 신인 중 이렇듯이 시의 숙성이 이뤄진 것은 드문 노릇이다. 시가 진심을 갖고 있다. 시가 청정하다. 시가 재능을 녹여 단호하다. 그래서 시가 고금을 갖추고 있다. 그의 '사리'도 좋거니와 여기 바닷가에 앉은 '시간의 오지'와 풍경 속의 한 '구원'이 사뭇 매혹적이다. 시단의 젊은이들 이것 좀 읽어보도록."

그래서 부랴부랴 시를 다시 찾아 읽었다. 힘이 느껴졌다.

유월의 살구나무

김현식

피아노 소리는 마룻바닥을 뛰어다니고
창 밖엔 비가 내린다 기억나는 일이 뭐,
아무것도 없는가? 유월의 살구나무 아래에서
단발머리의 애인을 기다리며 상상해 보던
피아노 소리 가늘고도 긴 현의 울림이
바람을 찌르는 햇살 같았지 건반처럼 가지런히
파르르 떨던 이파리 뭐 기억나는 일이 없는가?
양산을 거꾸로 걸어놓고 나무를 흔들면
웃음처럼 토드득 살구가 쏟아져 내렸지
아! 살구처럼 익어가던 날들이었다 생각하면
그리움이 가득 입안에 고인다 피아노 소리는
마룻바닥을 뛰어다니고 창 밖엔 비가 내린다
살구처럼, 양산의 가늘고도 긴 현을 두드리던
살구처럼, 하얀 천에 떨어져 뛰어다니던 살구처럼,
추억은 마룻바닥을 뛰어다니고 창 밖엔 비가 내린다

《1990년 신춘문예 당선시집》(문학세계사)

1990년 대구매일신문 신춘문예 당선 작품이다.
시에 쓰인 말과 리듬이 서로 만나 통통거리며 뛰어 다니는 것 같다. '파르르' 혹은, '토드득'이라는 의성어도 적절하게 한 몫씩 거들고 있다. 살구와 피아노 소리와 비의 거리를 이렇게 좁힐 수 있는 시인의 기량이 돋보인다. 무겁고 칙칙하고 엄숙한 세계에서 한 걸음도 빠져 나오지 못하는 시인들에게 이 시를 보여 주고 싶다.

죽편竹篇·1 — 여행

서정춘

여기서부터, ―멀다
칸칸마다 밤이 깊은
푸른 기차를 타고
대꽃이 피는 마을까지
백년이 걸린다

《죽편》 (동학사)

문단에 나온 지 30년 만에, 그것도 겨우 35편의 짧은 시들을 모아서 시집을 상재한 시인이 서정춘이다. 수치로 따진다면 한 해에 한 편 정도 시를 쓴 셈인데, 좋은 시를 쓰는 일보다 성급하게 시집을 출판하는 일에 마음을 쓰는 문단 풍토에서는 하나의 신선한 사건이었다. 시인의 정갈하면서도 곰삭은 언어들은 허접쓰레기 같은 사유의 개입을 일절 허용하지 않는다. 어설픈 젊은 시인들이 각성제로 삼아도 좋을 시집이다.

　이 단단한 시 한 편만 봐도 그 면모는 여실히 드러난다. 달리는 밤기차의 유리창과 대나무의 푸른 마디를 떠올리는 일은 어렵지 않을 것이다. 그 대비는 '백년이 걸린다'는 끝줄에 이르러 무한정 큰 울림을 얻는다. 삶의 간고한 역정을 인내하지 못하면 다다를 수 없는 경지 아닌가

풀잎

송재학

풀잎 앞에 쓰러져
울어준 것들만의 힘으로
풀잎이 초록은 아니다
풀잎이 가진 초록이란
일생을 달리고도 벗어날 수 없는
오랑캐 들판
그 넓이만큼 죽음이나 여름을 만난다
풀잎은 지는 해를 위해
수평선의 고요를 아꼈던 것
초록이 운명에 휩쓸릴 때
초록은 그곳까지 한달음에 도착하기도 한다
풀잎 속이라면
초록은 일제히 일어나야 할 때를 알고 있다

《그가 내 얼굴을 만지네》 (민음사)

언어와 생각의 촘촘한 직조가 돋보이는 시다. 독자로 하여금 시를 여러 번 되풀이해서 읽도록 만드는 것도 시인의 치밀한 계산에서 나온 것이다. 대구에서 치과의사로 일하고 있는 시인인데, 말을 부리는 능력은 연금술사와 같다.

풀잎의 초록 빛깔 하나가 들판의 넓이를 다 껴안고 있다.

상자

송찬호

우리집에는 아주 오래 된 얼룩이 있다
닦아도 닦아도 잘 지워지지 않는
이 누런 발자국, 누런 냄새

우리집은 오래 되어서
어렸을 때부터 나는
우리집 어느 구석엔가 여우가
살고 있다고 믿었다
누런 발자국, 누런 냄새 깊은 밤 나는
그의 기척에 귀를 기울이곤 하였다

그러나 언제부터인지 그의 이야기가
뚝, 그쳤다 집수리 때인가 그 구멍을
시멘트로 막아버렸기 때문이다

우리집에는 오래된 풀벌레 소리가 있다
그것은 어떤 악보나 악기도 갖고 있지 않다
다만 손바닥만한 나무상자일 뿐이다

나는 그 나무상자에 손을 담근다

그리고 긴 휴식을 꿈꾸는 것이다
네모난 사과 혹은, 네모난 새처럼
우리집에서 가장 오래 된 것은 건망증이다
바스락 바스락 건망증은 박하 냄새를 풍긴다
애야 이 사탕 하나 줄까 아니에요 할머니,
할머닌 벌써 십 년 전에 돌아가셨잖아요!

《문학동네》 1995년 가을호

송 찬호의 매력적인 상상력 앞에서 이러쿵저러쿵 뭐라고 말하지 않기.

금강

안홍렬

금강 근처에 살 때에는 강이 낯설어서
강가에 서기가 두려웠다
강가에 가면 강의 깊이와 만날 수 있을까
강을 찾아 가다가
중도에서 포기하기가 여러 번이었다
가만히 앉아서 강을 생각하면
강은 참으로 보고 싶다
강가에서 멀리 이사를 오고
결혼을 하고
아이를 하나 얻었다
그러나 강은 아직도 낯설고 두렵다
이제 강을 찾아가도 될 때라면
한 번 용기를 내야 하겠다
두려움은 피할수록 커지는 것
어서 강과 만나 늦은 이유를 말해야 하겠다.

《아름다운 객지》(대교출판)

충남에서 활동하고 있는 낯선 시인인데, 어느 날 고맙게도 시집 한 권을 보내주셨다. 이윤택 시인이 쓴 시집 해설은 이 시를 이렇게 극찬하고 있다. 여기 인용하기로 한다.

"80년대에 무수히 생산된 시작품들 중에서 사물과 본질의 관계를 명확하게 짚은 시로 나는 안홍렬의 〈금강〉을 꼽는다. 신동엽의 금강이 서사적 정서를 확보했다면, 안홍렬의 금강은 서사적 정서 자체까지 인간의 존재론으로 수렴해 내는 데 성공한 것이 틀림없다. 안홍렬의 간격이 획득해 낸 경이로움에 다름 아니다.
  여기서 금강의 존재는 무엇인가? 자연으로서의 금강─그러나, 금강은 바로 나라고 하는 자기 인식의 수면이다. 그 깊이를 알 수 없는 심증이다─이 인간 내면의 심증을 흐르는 강이야말로 시를 시이게 하는 상상력의 수면인 것이다. 여기서 사물과 존재와 언어의 삼박자가 종합되는 상상력의 진수를 맛보게 된다."

손도끼

이문길

손도끼를 시장에서 사온 날은
외딴 집에 바람이 더욱 세차게 불었다.

날이 어두워지자 댕그렁 세수대야가
날아가 떨어지고
뒤울안 갈대숲이 와스스 울었다.

무쇠 손도끼 날이 잘 섰나 다시 살펴보고
부엌 아궁이에 숨겨 두고
개도 없는 외딴 집 일곱 식구가 한 방에
모여 잠들자
빈 밭고랑 도깨비 바늘 마른 잎이 절로 떨며 울었다.

밤 깊을수록 바람은
누군가를 데리고 뚜벅대며 집 주위를 돌아다닌다.
나는 캄캄한 봉창을 내다보며 말한다.
"이봐요 이봐 들어올 테면 들어와 봐요
추운데 밖에서 떨지 말고 들어와요"
그리고 다시 가만히 속으로 말한다
'이 다음 능금나무가 커서 능금이 많이 열리거든 그때 와요'

그러나 바람은 뒤안에서 낙엽을 굴리고
객지 어두운 흙속에 집을 찾는다.

손도끼를 시장에서 사와 부엌에 숨겨 두고
일곱이 자는 외딴 집은
가시나무와 엉겅퀴숲이 꿈 속을 지나가고
산에서는 산짐승이 자꾸 울었다.

《불끄는 산》(청하)

이문길은 이름이 널리 알려진 시인이 아니다. 대구에서 조용히 시를 쓰는 이 분은 과작의 시인인데, 시도 시인을 닮았는지 요란스럽지 않을 뿐더러 오히려 적막한 분위기를 품고 있다.

세찬 바람이 부는 날, 우리가 외딴 집 안에 잠들어 있다고 생각해 보자. 바람 소리와 산짐승의 울음소리에 갇혀 있다고 생각해 보자. 어지간한 사람은 그 외로운 밤의 적막을 견디지 못하고 공포에 떨거나 도피를 꿈꿀 것이다. 그런데 이 시의 화자 좀 보라.

"이봐요 이봐 들어올 테면 들어와 봐요
 추운데 밖에서 떨지 말고 들어와요"

라고 천연덕스럽게 말한다. 이 천연덕스러운 상상력이 시의 적막을 지키고, 시를 무한정 깊게 한다.

우리 살던 옛집 지붕

이문재

마지막으로 내가 떠나오면서부터 그 집은 빈집이 되었지만
강이 그리울 때 바다가 보고 싶을 때마다
강이나 바다의 높이로 그 옛집 푸른 지붕은 역시 반짝여 주곤 했다
가령 내가 어떤 힘으로 버림받고
버림받음으로 해서 아니다 아니다
이러는 게 아니었다 울고 있을 때
나는 빈집을 흘러나오는 음악 같은
기억을 기억하고 있다

우리 살던 옛집 지붕에는
우리가 울면서 이름붙여 준 울음 우는
별로 가득하고
땅에 묻어주고 싶었던 하늘
우리 살던 옛집 지붕 근처까지
올라온 나무들은 바람이 불면
무거워진 나뭇잎을 흔들며 기뻐하고
우리들이 보는 앞에서 그해의 나이테를
아주 둥글게 그렸었다
우리 살던 옛집 지붕 위를 흘러

지나가는 별의 강줄기는
오늘밤이 지나면 어디로 이어지는지

그 집에서는 죽을 수 없었다
그 아름다운 천정을 바라보며 죽을 수 없었다
우리는 코피가 흐르도록 사랑하고
코피가 멈출 때까지 사랑하였다
바다가 아주 멀리 있었으므로
바다 쪽 그 집 벽을 허물어 바다를 쌓았고
강이 멀리 흘러나갔으므로
우리의 살을 베어내 나뭇잎처럼
강의 환한 입구로 띄우던 시절
별의 강줄기 별의
어두운 바다로 흘러가 사라지는 새벽
그 시절은 내가 죽어
어떤 전생으로 떠돌 것인가

알 수 없다
내가 마지막으로 그 집을 떠나면서
문에다 박은 커다란 못이 자라나

집 주위의 나무들을 못박고

하늘의 별에다 못질을 하고

내 살던 옛집을 생각할 때마다

그 집과 나는 서로 허물어지는지도 모른다 조금씩

조금씩 나는 죽음 쪽으로 허물어지고

나는 사랑 쪽에서 무너져 나오고

알 수 없다

내가 바다나 강물을 내려다보며 죽어도

어느 밝은 별에서 밧줄 같은 손이

내려와 나를 번쩍

번쩍 들어올릴는지

《내 젖은 구두 벗어 해에게 보여줄 때》 (민음사)

<big>지</big>금은 흔적도 없이 사라진, 내가 외로울 때일수록 더 그리워지는 옛집을 생각할 때마다 나는 이 시를 펼쳐 읽곤 한다. 그냥 눈으로 읽지 않고 입으로 소리 내어 읽어본다.

옛집의 지붕에서 시작해서 강과 바다와 별로 이어지는 유려한 상상력은 내 추억의 풍금 건반을 모나지 않게 건드린다. 시인은 때로는 격정적으로, 때로는 낮고 은밀하게 그 건반에 손을 갖다대는데, 그 소리는 아름답고도 슬프다.

이렇게 아름답고 슬픈 시를 쓰는 시인 이문재가 밉다. 내가 아름답고 슬프지 못한 탓이다.

어성전漁盛田의 봄

이은옥

적송과 잡목이 어울려, 몇 겹의 산봉우리가 되고
마루 끝에 서서
잘 보이는 앞산부터 산의 허리를 센다
겨울 내내 쌓여 있던 눈이 아랫마을부터 녹기 시작하여
산 밑에 있는 기와집 근처 응달까지, 길어진 해 그림자가
봄을,
마당까지 실어 나른다
서서 말라버린 국화밭에도 햇살이 옮겨다니면서
겨울의 냄새를 말린다
겨울 내내 눈 속에 파묻혀 있던 국화밭이 밭고랑을 드러내고

강이 얼 때부터 녹기 시작할 때까지 마을은 고요하다
나는 고요하다
고요가 고혹적이라고 표현하고 싶다
봄,
강이 뚜껑을 열고
고기들이 알을 까고 돌 밑에 집을 만들 것이다
산을 끼고 도는 어성전의 강, 강물의 흐름이 좋고 조용하여
고기들이 많이 사는 강, 사람들은 이 마을을 어성전漁盛田*
이라 한다

바다는 바다 사람들의 밭이라면 강은 고기들의 밭이다
아침 안개가 지나갈 때는
이곳 마을 사람들의 옷에서 강 냄새가 난다
가끔씩 마을은 안개에 푹 잠겨 있고
새벽, 닭이 한 집 한 집에서 울기 시작해
온 동네는 조그만 소리들로 하루가 시작된다
방문을 열면 안개가 먼저 들어온다
햇살이 온 마을에 퍼지면 나는 마음을 서두른다
봄, 햇살이 동반하는 이 나른한 계절은 앉아 있기도 불안하다
겨울 내내 쉬고 있던 농기구들이 하품을 하고
아버지는 먼 산에서 해온 물푸레나무 자루를 다듬어
건넛마을에 쟁기를 벼르러 간다
아버지는 조율사처럼
호미자루며 도끼자루 괭이자루를 다시 갈아끼운다
농기구들은 아버지의 건반이 되어 사계가 시작된다
나는, 슬그머니 강으로 나가본다
강은 아직 고요하다
강은 누가 먼저 알을 낳았다고 소리치지 않는다

* 강원도 양양군 현북면 어성전리 마을
《1990년 신춘문예 당선시집》(실천문학사)

고요한 시다. 이따금 상투적인 묘사가 시의 맛을 상하게 하기도 하지만(안개와 아버지가 등장하는 뒷부분이 특히 그렇다), 산골의 고요를 이렇게 옮겨 놓는 게 쉬운 일은 아니다. 햇살에 의해 드러나는 겨울의 국화 밭고랑, 봄이 되어 뚜껑을 여는 강, 그리고 누가 먼저 알을 낳았다고 소리치지 않는 강의 이미지는 정말 고혹적, 이라고 표현하고 싶다.

낙동 가는 길

장옥관

낙동을 가려면 선산에서 910호 지방도를 타야 한다. 불 꺼진 백양나무 가로수를 지나야 한다. 단밀로 가는 낙단교 건너지 않아야 한다. 쌍용 주유소 갈림길 지나 공원묘지 위를 연사흘 흩뿌리는 눈발. 낙동 가면 무엇이 있나, 고드름 달린 왜식倭式 목조 이층 목화다방과 덜컹대는 유리미닫이 약방의 낡은 처방전. 밤 아홉시에 벌써 버스는 끊기고, 싸락눈이 갈기 세워 골목을 누빈다. 산림계 면서기는 잠에 곯아떨어졌는지 아까부터 숙직실 불이 꺼져 있다. 다닥다닥 이마 낮춘 처마 모퉁이 점두店頭. 중늙은이 서넛 둘러앉아 소주를 마시고 어둠이 웅크리고 있는 벌판. 저 너머 소리없는 눈발이 외딴 집의 불빛을 달래고 있다. 한 사흘 낙동에 눈이 내리면 꺼진 집은 봉분같이 고루 편안하고, 두문불출杜門不出 오리나무도 산을 내려오지 않는다. 눈 내려 적막한 마을의 근심. 길은 끊기고 눈 아래 한숨은 다시 한됫박 눈발 치솟게 하는데 낙동은 이미 너무 흔한 곳. 낙동을 가려면 누구나 길 끊긴 눈밭을 지나 백양나무 환한 둥치를 거쳐야 한다.

《바퀴소리를 듣는다》 (민음사)

이런 마음의 풍경 하나 간직하지 못하면 좋은 시인이라고 할 수 없다.

유배지에서 보내는 정약용의 편지

정일근

제 1 신

아직은 미명이다. 강진의 하늘 강진의 벌판 새벽이 당도하길 기다리며 죽로차를 달이는 치운 계절, 학연아 남해바다를 건너 우두봉牛頭峰을 넘어오다 우우 소울음으로 몰아치는 하늬바람에 문풍지에 숨겨둔 내 귀 하나 부질없이 부질없이 서울의 기별이 그립고, 흑산도로 끌려가신 약전 형님의 안부가 그립다. 저희들끼리 풀리며 쓸리어가는 얼음장 밑 찬 물소리에도 열 손톱들이 젖어 흐느끼고 깊은 어둠의 끝을 헤치다 손톱마저 다 닳아 스러지는 적소謫所의 밤이여, 강진의 밤은 너무 깊고 어둡구나. 목포, 해남, 광주 더 멀리 나간 마음들이 지친 봉두난발을 끌고와 이 악문 찬 물소리와 함께 흘러가고 아득하여라, 정말 아득하여라. 처음도 끝도 찾을 수 없는 미명의 저편은 나의 눈물인가 무덤인가 등잔불 밝혀도 등뼈 자옥이 깎고 가는 바람소리 머리 풀어 온 강진 벌판이 우는 것 같구나.

제 2 신

이 깊고 긴 겨울밤들을 예감했을까 봄날 텃밭에다 무를 심었다. 여름 한철 노오란 무꽃이 피어 가끔 벌, 나비들이 찾아와 동무해주더니 이제 그 중 큰 놈 몇 개를 뽑아 너와지붕 추녀 끝으로 고드름이 열리는 새벽까지 밤을 재워 무채를 썰면 절망을 썰면, 보은산 컹컹 울부짖는 승냥이 울음소리가 두렵지 않고 유배보다 더 독한 어둠이 두렵지 않구나. 어쩌다 폭설이 지는 밤이면 등잔불을 어루어 시경강의보詩經講義補를 엮는다. 학연아 나이가 들수록 그리움이며 한이라는 것도 속절이 없어 첫해에는 산이라도 날려보낼 것 같은 그리움이, 강물이라도 싹둑싹둑 베어버릴 것 같은 한이 폭설에 갇혀 서울로 가는 길이란 길은 모두 하얗게 지워지는 밤, 사의제四宜齊에 앉아 시 몇 줄을 읽으면 세상의 법도 왕가의 법도 흘러가는 법, 힘줄 고운 한들이 삭아서 흘러가고 그리움도 남해바다로 흘러가 섬을 만드누나.

《바다가 보이는 교실》 (창작과비평사)

시에서 말을 어떻게 감았다가 푸는지, 앙상한 뼈에다 어떻게 피가 도는 살을 바르는지, 이 편지에서 한 수 배우면 된다.

헤게모니

정현종

헤게모니는 꽃이
잡아야 하는 거 아니에요?
헤게모니는 저 바람과 햇빛이
흐르는 물이
잡아야 하는 거 아니에요?
(너무 속상해하지 말아요
내가 지금 말하고 있지 않아요?
우리가 저 초라한 헤게모니 병을 얘기할 때
당신이 헤제모니를 잡지, 그러지 않았어요?
순간 터진 폭소, 나의 폭소 기억하시죠?)
그런데 잡으면 잡히나요?
잡으면 무슨 먹을 알이 있나요?
헤게모니는 무엇보다도
우리들의 편한 숨결이 잡아야 하는 거 아니에요?
무엇보다도 숨을 좀 편히 쉬어야 하는 거 아니에요?
검은 피, 초라한 영혼들이여
무엇보다도 헤게모니는
저 덧없음이 잡아야 되는 거 아니에요?
우리들의 저 찬란한 덧없음이 잡아야 하는 거 아니에요?

《세상의 나무들》(문학과지성사)

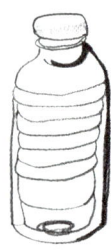

헤게모니라는 딱딱한 빵이 갑자기 부드러운 우유가 되었다. 자유로운 영혼의 춤을 보는 듯하다. 아니, 시인은 자유로움이라는 말마저 가볍게 뛰어 넘으려고 한다. 시인은 검은 피, 초라한 영혼을 안쓰러워하지만 연민이나 질타 따위를 보내는 것에는 관심이 없다.

 찬란한 덧없음이란 무엇인가? 그것은 무엇보다도 숨을 좀 편히 쉬는 것이며, 물과 햇빛과 바람과 꽃 속에 내재되어 있는 어떤 힘이다. 덧없음에 대한 시인의 찬미가 왜 이렇게 아름다워 보일까? 아마도 허무에 감염되기 직전의 긴장을 아슬아슬하게 지키고 있기 때문일까?

기차는 간다

허수경

기차는 지나가고 밤꽃은 지고
밤꽃은 지고 꽃자리도 지네
오 오 나보다 더 그리운 것도 가지만
나는 남네 기차는 가네
내 몸 속에 들어온 너의 몸을 추억하거니
그리운 것들은 그리운 것들끼리 몸이 먼저 닳아 있었구나

《혼자 가는 먼 집》(문학과지성사)

《혼자 가는 먼 집》이라는 이 시인의 시집이 탁월한 것은 화사하게 만개한 꽃이 아니라 스러지는 낙화의 시절에 시를 바치고 있기 때문이다. 상처를 처연한 시적 재산으로 삼는 시가 그 동안 우리 시에서는 아주 드물었다.

아닌게아니라 여기서도 시인은 꽃이 진 자리를 아프게 응시한다. 그것은 기차가 통과한 내 몸과 같은 것이다. 이 시의 마지막 행과 같은 절창은 상처를 내팽개치지 않고 껴안는 자만이 가질 수 있다.

그 희고 둥근 세계

고재종

나 힐끗 보았네
냇갈에서 목욕하는 여자들을

구름 낀 달밤이었지
구름 터진 사이로
언뜻, 달의 얼굴 내민 순간
물푸레나무 잎새가
얼른, 달의 얼굴 가리는 순간

나 힐끗 보았네
그 희고 둥근 여자들의
그 희고 풍성한
모든 목숨과 신출神出의 고향을

내 마음의 천둥 번개 쳐서는
세상 일체를 감전시키는 순간

때마침 어디 딴세상에서인 듯한
풍덩거리는 여자들의
참을 수 없는 키득거림이어

때마침 어디 마을에선
훅, 끼치는 밤꽃 향기가
밀려왔던가 말았던가

《앞강도 야위는 이 그리움》 (문학동네)

고재종 시인에게서는 요즈음 시가 막 터져나오는 것 같다. 시가 봇둑을 넘어 우리를 적시고도 남아, 참을 수 없이 키득거리게도 한다. 이러한 진경이라면, 시인이 열어 보이는 그 희고 둥근 세계에 나는 죽어도 감전되겠다.

해일

고진하

낡은 비유로 이어지던 네 삶의 지붕을
해일이 덮쳤다

오래 채집한 나비들과 가재도구와 묵은 책들을
거친 쇠갈퀴를 지닌 물의 입이
명태살포처럼 씹어놓았다

허둥지둥,
젖은 옷가지를 챙겨 식솔들과 함께
푸른 해송들 우거진 냉동공장 너머로 황급히 떠나는
피난 행렬도 더러 눈에 띄지만,
돌연한 재난 앞에 넌 그냥 무릎을 꿇고 만다

꽉 막혀 있으나마나 한 하수도 구멍 같은
욕망의 아가리에서
붉덩물로 쏟아지는 결핍의 문장들 위로
말미잘이나 불가사리,
징그러운 실뱀장어처럼 꿈틀꿈틀거리며 둥둥 떠다니는
성난 신神의 옆얼굴을 보았기 때문인가

견고한 울타리와 지붕과 낯익은 길들을
흐물흐물 허물어뜨리며
악취가 진동해도 썩지 않는 비애의 모듬살이를
한순간 덮친
중심을 이탈한
저 거친 물의 간섭을
넌, 그의 심판이라 말하진 않지만

《우주배꼽》 (세계사)

해 일이 아니라, 몇 해 전에 나는 큰 산불을 본 적이 있다. 불이 난 산 쪽으로 사람들이 몰려가고, 소방차가 사이렌을 울리며 달려가고, 급기야 소방 헬리콥터까지 날아와 진화 작업을 펼치는데도, 나는 멀찍감치 팔짱을 끼고 구경꾼으로 서 있었다. 어떻게 해 볼 도리가 없는 산불이었다. 산을 지키던 나무와 풀과 산짐승들의 안부도 걱정이 되었지만, 갑자기 이 시의 몇몇 문장들이 떠오르는 통에 그 날 나는 알 수 없는 쾌감을 느끼고 있었다.

낡은 비유로 이어지던 삶의 지붕에 산불이 덮쳤다. 산불은 성난 신의 옆얼굴이다. 중심을 이탈한 불의 간섭······.

발자국

김명수

바닷가 고요한 백사장 위에

발자국 흔적 하나 남아 있었네

파도가 밀려와 그걸 지우네

발자국 흔적 어디로 갔나?

바다가 아늑히 품어주었네

《바다의 눈》 (창작과비평사)

이 바닷가의 적막 속에 깃든 동심이 시를 한없이 따뜻한 곳으로 이끌어 가고 있다. 바닷가 백사장에 발자국을 남기는 일도, 그것을 파도가 지우는 일도 무심하기는 마찬가지다. 그러나 시인은 바다의 모성을 발견함으로써 되풀이되는 바닷가의 무심한 풍경을 인간의 냄새로 가득 채운다.

그러면 바다가 품고 있는 발자국은 그 후에 어떻게 되었을까? 혹시 당신의 가슴속에 아직까지 지워지지 않고 그대로 남아 있지 않은가?

너와집 한 채

김명인

길이 있다면, 어디 두천쯤에나 가서
강원남도 울진군 북면의
버려진 너와집이나 얻어 들겠네, 거기서
한 마장 다시 화전에 그슬린 말재를 넘어
눈 아래 골짜기에 들었다가 길을 잃겠네
저 비탈바다 온통 단풍 불 붙을 때
너와집 썩은 나무껍질에도 배어든 연기가 매워서
집이 없는 사람 거기서도 눈물 잣겠네

쪽문을 열면 더욱 쓸쓸해진 개옻 그늘과
문득 죽음과, 들풀처럼 버팅길 남은 가을과
길이 있다면, 시간 비껴
길 찾아가는 사람들 아무도 기억 못하는 두천
그런 산길에 접어들어
함께 불 붙는 몸으로 저 골짜기 가득
구름 연기 첩첩 채워넣고서

사무친 세간의 슬픔, 저버리지 못한
세월마저 허물어버린 뒤
주저앉을 듯 겨우겨우 서 있는 저기 너와집,

토방 밖에는 황토흙빛 강아지 한 마리 키우겠네
부뚜막에 쪼그려 수제비 뜨는 나 어린 처녀의
외간 남자가 되어
아주 잊었던 연모 머리 위의 별처럼 띄워놓고

그 물색으로 마음은 비포장도로처럼 덜컹거리겠네
강원남도 울진군 북면
매봉산 넘어 원당 지나서 두천
따라오는 등뒤의 오솔길도 아주 지우겠네
마침내 돌아서지 않겠네

《물 건너는 사람》 (세계사)

이 시가 자아내는 눈 시리게 쓸쓸한 강원도 풍경도 좋았지만, 이 구절을 만나는 순간 나는 정말 한 대 얻어맞은 기분이 들었다.

"부뚜막에 쪼그려 앉아 수제비 뜨는 나 어린 처녀의
외간 남자가 되어"

상상의 즐거움이란 바로 그런 것일까. 나는 금방 '아주 잊었던 연모 머리 위의 별처럼 띄워놓고' 살고 싶어졌던 것이다. 그래서 이 시를 여러 장 복사해서 친구들에게 나누어주기도 했던 것인데……. 여기서 '나 어린 처녀'를 '나이 어린 처녀'로 바꾸어 읽으면 시의 맛이 얼마나 상하는지…….

그 여자네 집

김용택

가을이면 은행나무 은행잎이 노랗게 물드는 집
해가 저무는 날 먼데서도 내 눈에 가장 먼저 뜨이는 집
생각하면 그리웁고
바라보면 정다웠던 집
어디 갔다가 늦게 집에 가는 밤이면
불빛이, 따뜻한 불빛이 검은 산속에 깜박깜박 살아 있는 집
그 불빛 아래 앉아 수를 놓으며 앉아 있을
그 여자의 까만 머릿결과 어깨를 생각만 해도
손길이 따뜻해져오는 집

살구꽃이 피는 집
봄이면 살구꽃이 하얗게 피었다가
꽃잎이 하얗게 담 너머까지 날리는 집
살구꽃 떨어지는 살구나무 아래로
물을 길어오는 그 여자 물동이 속에
꽃잎이 떨어지면 꽃잎이 일으킨 물결처럼 가닿고
싶은 집

샛노란 은행잎이 지고 나면
그 여자

아버지와 그 여자
큰오빠가
지붕에 올라가
하루종일 노랗게 지붕을 이는 집
노란 초가집

어쩌다가 열린 대문 사이로 그 여자네 집 마당이 보이고
그 여자가 마당을 왔다갔다하며
무슨 일이 있는지 무슨 말인가 잘 알아들을 수 없는 말소리와
옷자락이 대문 틈으로 언뜻언뜻 보이면
그 마당에 들어가서 나도 그 일에 참견하고 싶었던 집

마당에 햇살이 노란 집
저녁 연기가 곧게 올라가는 집
뒤안에 감이 붉게 익는 집
참새떼가 지저귀는 집
보리타작, 콩타작 도리깨가 지붕 위로 보이는 집
눈 오는 집
아침 눈이 하얗게 처마끝을 지나
마당에 내리고

그 여자가 몸을 웅숭그리고
아직 쓸지 않은 마당을 지나
뒤안으로 김치를 내러 가다가 "하따, 눈이 참말로 이쁘게 온다이이" 하며
눈이 가득 내리는 하늘을 바라보다가
싱그러운 이마와 검은 속눈썹에 걸린 눈을 털며
김칫독을 열 때
하얀 눈송이들이 어두운 김칫독 안으로
하얗게 내리는 집
김칫독에 엎드린 그 여자의 등에
하얀 눈송이들이 하얗게 하얗게 내리는 집
내가 함박눈이 되어 내리고 싶은 집
밤을 새워, 몇 밤을 새워 눈이 내리고
아무도 오가는 이 없는 늦은 밤
그 여자의 방에서만 따뜻한 불빛이 새어나오면
발자국을 숨기며 그 여자네 집 마당을 지나 그 여자의 방 앞
뜰방에 서서 그 여자의 눈 맞은 신을 보며
머리에, 어깨에 쌓인 눈을 털고
가만가만 내리는 눈송이들도 들리지 않는 목소리로
가만 가만히 그 여자를 부르고 싶은 집

그
여
자
네 집

어느 날인가
그 어느 날인가 못밥을 머리에 이고 가다가 나와 딱
마주쳤을 때
"어머나" 깜짝 놀라며 뚝 멈추어 서서 두 눈을 똥그랗게 뜨고
나를 쳐다보며 반가움을 하나도 감추지 않고
환하게, 들판에 고봉으로 담아놓은 쌀밥같이,
화아안하게 하얀 이를 다 드러내며 웃던 그
여자 함박꽃 같던 그
여자

그 여자가 꽃 같은 열아홉 살까지 살던 집
우리 동네 바로 윗동네 가운데 고샅 첫집
내가 밖에서 집으로 갈 때
차에서 내리면 제일 먼저 눈길이 가는 집
그 집 앞을 다 지나도록 그 여자 모습이 보이지 않으면

저절로 발걸음이 느려지는 그 여자네 집
지금은 아, 지금은 이 세상에 없는 집
내 마음속에 지어진 집
눈감으면 살구꽃이 바람에 하얗게 날리는 집
눈 내리고, 아, 눈이, 살구나무 실가지 사이로
목화송이 같은 눈이 사흘이나
내리던 집
그 여자네 집
언제나 그 어느 때나 내 마음이 먼저
가
있던 집
그
여자네
집
생각하면, 생각하면 생. 각. 을. 하. 면……

《그 여자네 집》 (창작과비평사)

'섬 진강'을 앞세우고 임실의 한 농촌에서 김용택이라는 시인이 등장했을 때 그것은 하나의 사건이었다. 삶의 감동이 시의 감동으로 곧바로 연결되는 것을 우리는 확인했기 때문이다. 손끝으로 쓰여진 나약한 시들은 그의 등장 이후 폐기 처분해야 했다. 그 '섬진강의 시인'은 이제 '자연의 시인'이 되기를 꿈꾼다. 그의 '농민시'는 '사람의 시'로 확장되고 깊어졌다.

우리는 그 여자네 집에 대한 사무치는 추억이 없지만, 이 시로 하여 그 여자를 누구나 '내 여자'로 만들 수 있게 되었다.

어릴 때 내 꿈은

도종환

어릴 때 내 꿈은 선생님이 되는 거였어요.
나뭇잎 냄새 나는 계집애들과
먹머루빛 눈 가진 초롱초롱한 사내녀석들에게
시도 가르치고 살아가는 이야기도 들려 주며
창 밖의 햇살이 언제나 교실 안에도 가득한
그런 학교의 선생님이 되는 거였어요.
플라타너스 아래 앉아 시들지 않는 아이들의 얘기도 들으며
하모니카 소리에 봉숭아꽃 한 잎씩 열리는
그런 시골학교 선생님이 되는 거였어요.

나는 자라서 내 꿈대로 선생이 되었어요.
그러나 하루종일 아이들에게 침묵과 순종을 강요하는
그런 선생이 되고 싶지는 않았어요.
밤 늦게까지 아이들을 묶어 놓고 험한 얼굴로 소리치며
재미없는 시험문제만 풀어 주는
선생이 되려던 것은 아니었어요.
옳지 않은 줄 알면서도 그럴 듯하게 아이들을 속여넘기는
그런 선생이 되고자 했던 것은 정말 아니었어요.
아이들이 저렇게 목숨을 끊으며 거부하는데
때묻지 않은 아이들의 편이 되지 못하고

억압하고 짓누르는 자의 편에 선 선생이 되리라곤 생각지 못했어요.

아직도 내 꿈은 아이들의 좋은 선생님이 되는 거예요.
물을 건너지 못하는 아이들 징검다리 되고 싶어요.
길을 묻는 아이들 지팡이 되고 싶어요.
헐벗은 아이들 언 살을 싸안는 옷 한 자락 되고 싶어요.
푸른 보리처럼 아이들이 쑥쑥 자라는 동안
가슴에 거름을 얹고 따뜻하게 썩어가는 봄흙이 되고 싶어요.

《지금 비록 너희 곁을 떠나지만》(제3문학사)

1989년 여름, 도종환 시인이 학교에서 밀려날 무렵에 나도 전교조 조합원이라는 이유로 학교에서 쫓겨났다. 그 이후로 우리는 '동료 시인'이 아니라 '조합원 동지'가 되었다. 참교육의 깃발 아래 우리는 오직 하나였으므로 이 시는 모든 '동지'들을 적시는 햇살과도 같았다.

나는 이런저런 집회장에서 이 시가 읽혀지는 것을 자주 보았다. 언어와 시인의 꿈이 반짝이는 1연이 끝나고, 직설적인 시어가 등장하는 2연이 시작될 무렵이면 이곳저곳에서 여선생님들이 흐느끼는 소리가 어김없이 들려왔다. 나도 몇 차례나 콧등이 시큰거리는 것을 참았다. 소박한 꿈에 대한 신뢰를 모두들 공유한다는 뜻이었다. 그리고 한편으로는 비유나 상징 이전에도 시는 사람을 울리고, 또 움직일 수 있다는 것을 확인하는 순간이기도 하였다.

사랑

박형진

풀여치 한 마리 길을 가는데
내 옷에 앉아 함께 간다
어디서 날아왔는지 언제 왔는지
갑자기 그 파란 날개 숨결을 느끼면서
나는
모든 살아 있음의 제 자리를 생각했다
풀여치 앉은 나는 한 포기 풀잎
내가 풀잎이라고 생각할 때
그도 온전한 한 마리 풀여치
하늘은 맑고
들은 햇살로 물결치는 속 바람 속
나는 나를 잊고 한없이 걸었다
풀은 점점 작아져서
새가 되고 흐르는 물이 되고
다시 저 뛰노는 아이들이 되어서
비로소 나는
이 세상 속에서의 나를 알았다
어떤 사랑이어야 하는가를
오늘 알았다.

《바구니 속 감자싹은 시들어가고》(창작과비평사)

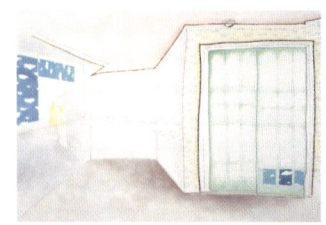

사랑을 시로 쓰려면 적어도 이 정도는 되어야 한다고 생각한다. 그 신물날 정도로 흔한 그리움이나 외로움이나 기다림 같은 개뼉다귀들을 말끔이 걷어내고 '모든 살아 있음의 제자리'를 생각하고, 그리고 '이 세상 속의 나'를 아는 사랑이란 얼마나 맑고 빛나는가.

그것은 들길을 풀여치와 함께 걸으면서 풀잎이 된 자신을 놀랍게도 발견할 줄 아는 시인만이 누릴 수 있는 것이리라.

시인은 지금도 전라북도 변산의 끄트머리 모항이라는 곳에서 농사를 지으며 산다.

장작불

                                                백무산

우리는 장작불 같은 거야
먼저 불이 붙은 토막은 불씨가 되고
빨리 붙은 장작은 밑불이 되고
늦게 붙는 놈은 마른 놈 곁에
젖은 놈은 나중에 던져져
활활 타는 장작불 같은 거야

몸을 맞대어야 세게 타오르지
마른 놈은 단단한 놈을 도와야 해
단단한 놈일수록 늦게 붙으나
옮겨붙기만 하면 불의 중심이 되어
탈거야 그때는 젖은 놈도 타기 시작하지

우리는 장작불 같은 거야
몇 개 장작만으로는 불꽃을 만들지 못해

장작은 장작끼리 여러 몸을 맞대지 않으면
절대 불꽃을 피우지 못해
여러 놈이 엉겨붙지 않으면
쓸모없는 그을음만 날 뿐이야

죽어서도 잿더미만 클 뿐이야

우리는 장작불 같은 거야

《만국의 노동자여》 (청사)

불 꽃은 혼자서는 타오를 수 없는 것. 불씨와 밑불과 마르고 단단한 장작이 몸을 맞댈 때만이 오래도록 불꽃을 피워 올릴 수 있는 것. 불이 타오를 때, 피식피식 그을음만 내는 하찮은 불이 아니라 강력한 불의 중심이 되기 위해서는 나를 버려야 하는 것. 나를 버려야 우리가 활활 불꽃으로 피어날 수 있는 것. 그리하여 장작불은 차갑게 식어빠진 세상을 달구는 뜨거운 무기가 되는 것.

그 뜨거움으로 우리는 한 시절을 버텼다.

늙은 사내의 시詩

서정주

내 나이 80이 넘었으니
시를 못쓰는 날은
늙은 내 할망구의 손톱이나 깎어주자.
발톱도 또 이쁘게 깎어주자.
훈장 여편네로 고생살이 하기에
거칠대로 거칠어진 아내 손발의
손톱 발톱이나 이뿌게 깎어주자.
내 시에 나오는 초승달같이
아내 손톱밑에 아직도 떠오르는
초사흘 달 바래보며 마음 달래자.
마음 달래자. 마음 달래자.

《80소년 떠돌이의 시》 (시와시학사)

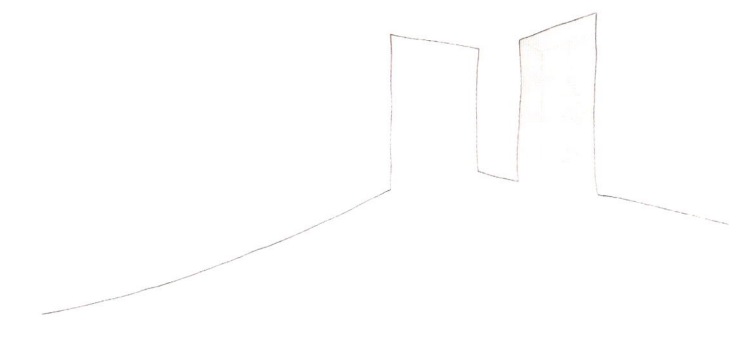

80고개를 넘기면서 미당 선생의 시는 한결 너그러워지고 따뜻해지고 깊어졌다. 세상을 다 살고 난 노인의 도통한 시각이 아니라 오히려 아무것도 모르는 소년의 눈으로 세상을 읽으려고 한다. 놀랍다. 그 천진함은 결코 쉽게 얻을 수 있는 게 아니다.

시집 《80소년 떠돌이의 시》를 아주 감명 깊게 읽었다. 여기쯤에서는 지난날 분분했던 친일 시비마저도 가만히 책갈피 속으로 접어 두고 싶어진다. 이 시에서처럼 손톱 발톱을 '이쁘게 깎어주자'라고 쓰는 시인을 우리는 앞으로 자주 만나지 못할 것이다.

3월

조은길

벚나무 검은 껍질을 뚫고
갓 태어난 젖빛 꽃망울들 따뜻하다
햇살에 안겨 배냇잠 자는 모습 보면
나는 문득 대중 목욕탕이 그리워진다
뽀오얀 수증기 속에
스스럼없이 발가벗은 여자들과 한통속이 되어
서로서로 등도 밀어 주고 요구르트도 나누어 마시며
볼록하거나 이미 홀쭉해진 젖가슴이거나
엉덩이거나 검은 음모에 덮여 있는
그 위대한 생산의 집들을 보고 싶다
그리고
해가 완전히 빠지기를 기다렸다가
마을 시장 구석자리에서 날마다 생선을 파는
생선 비린내보다
니코틴 내가 더 지독한 늙은 여자의
물간 생선을 떨이해 주고 싶다
나무껍질 같은 손으로 툭툭 좌판을 털면 울컥
일어나는 젖비린내 아—
어머니
어두운 마루에 허겁지겁 행상 보따리를 내려놓고

통퉁 불어 푸릇푸릇 핏줄이 불거진

젖을 물리시던 어머니

3월 구석구석마다 젖내가…… 어머니

그립다

《1998년 신춘문예 당선시집》(문학세계사)

신인의 시인데, 축축하기가 통퉁 불은 젖가슴 같다. 심오한 철학도, 높은 사상도, 첨단의 지식도, 고매한 종교도 여기서는 한낱 검불이다.

이 정도면 됐다. 나는 충분히 젖었다.

거품좌座의 별에서

최승호

변기의 소용돌이 뒤에
마지막 물 빠지는 소리는
왜 이리 크윽크윽
죽음의 트림 소리로 들리는지

한 세대가 변기의 물처럼 오고
거품에 휩쓸려 구멍으로 빠져나가도
닳지 않는 변기처럼
그대로 남아 있는 늙은 대지

그토록 많은 인간들을 씹어 먹고
기념할 만한 웅장한 뼈 하나
밤하늘에 휘황하게 걸어놓지 않은
허공

허공은 나를 거들떠보지 않는 광막함이다
변기의 우주관이 내 머리 속에
세워졌다 무너지고
거품좌의 별들이 생멸생멸하며
어디론가 흘러가는 이 밤

어느 거품좌의 외딴 별에

포말문자泡沫文字로 물 위에 동시 쓰는 할아버지가 있어

거품 물고 늘어지는 나 굽어보며

소금쟁이의 고뇌라 웃으실지

《세속도시의 즐거움》 (세계사)

변기의 물 빠지는 소리에서 촉발된 상상력이 삶과 죽음의 문제로, 존재의 쓸쓸함에 대한 성찰로, 그리고 광막한 우주적 상상력으로 확대되고 있다.

  시인은 인간을 하염없이 작게 만들어 놓고 옆구리를 쿡 쑤신다.

  까불지 말라고. 좀 부끄러운 줄 알라고.

아직도 쭈그리고 앉은 사람이 있다

최영철

세상에 나서 수세식변소만 사용해 본 딸아이는 모를 것이다
아직도 쭈그리고 앉은 사람이 많다는 것을
불면의 밤은 길기도 길어
새벽도 오기 전에 앞다투어 산비탈 공중변소 앞에 줄을 서서
아직도 쭈그리고 앉은 사람을 기다리는 사람이 많다는 것을
세상에 나서 문화적으로만 놀아본 사람들은 모를 것이다
누가 쏟아놓은 것인지도 모르는 똥덩어리 위에
또다시 자신의 똥을 내려놓으며
아직도 하나가 된 사람들이 많다는 것을 모를 것이다
세상에서 가장 질기고 지독한 똥 위에
더 질기고 지독한 자신의 똥을 쏟아놓을 때
그 쾌감은 난삽한 섹스와도 같이 온몸을 전율시킨다는 것을 모를 것이다
아침저녁으로 똥장군이 출렁거리며 오르내리는
햇볕 잘 드는 동네에 살아보지 않은 사람은
아직도 쭈그리고 앉은 사람이 있어
벌어진 널빤지 사이로 이쪽을 쏘아보고 있다는 것을 모를 것이다

《아직도 쭈그리고 앉은 사람이 있다》 (얼음사)

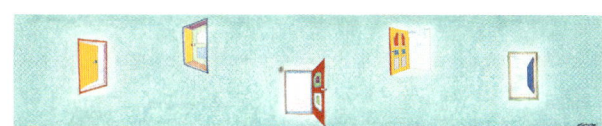

이 제서야 짐작이 된다. 최영철이라는 한 명민한 젊은 시인이 자기를 지키면서 시의 사회성을 어떻게 확보하려고 고민했는지.

늙어가는 아내에게

황지우

내가 말했잖아.
정말, 정말, 사랑하는, 사랑하는, 사람들,
사랑하는 사람들은,
너, 나 사랑해?
묻질 않어
그냥, 그래,
그냥 살어
그냥 서로를 사는 게야
말하지 않고, 확인하려 하지 않고,
그냥 그대 눈에 낀 눈꼽을 훔치거나
그대 옷깃의 솔밥이 뜯어주고 싶게 유난히 커보이는 게야
생각나?

지금으로부터 14년 전, 늦가을,
낡은 목조 적산 가옥이 많던 동네의 어둑어둑한 기슭,
높은 축대가 있었고, 흐린 가로등이 있었고
그 너머 잎 내리는 잡목 숲이 있었고
그대의 집, 대문 앞에선
이 세상에서 가장 쓸쓸한 바람이 불었고
머리카락보다 더 가벼운 젊음을 만나고 들어가는 그대는

내 어깨 위의 비듬을 털어주었지

그런 거야, 서로를 오래오래 그냥, 보게 하는 거
그리고 내가 많이 아프던 날
그대가 와서, 참으로 하기 힘든, 그러나 속에서는
몇 날 밤을 잠 못 자고 단련시켰던 뜨거운 말:
저도 형과 같이 그 병에 걸리고 싶어요

그대의 그 말은 에탐부톨과 스트렙토마이신을 한알한알
들어내고 적갈색의 빈 병을 환하게 했었지
아, 그곳은 비어 있는 만큼 그대 마음이었지
너무나 벅차 그 말을 사용할 수조차 없게 하는 그 사랑은
아픔을 낫게 하기보다는, 정신없이,
아픔을 함께 앓고 싶어하는 것임을
한밤, 약병을 쥐고 울어버린 나는 알았지
그래서, 그래서, 내가 살아나야 할 이유가 된 그대는 차츰
내가 살아갈 미래와 교대되었고

이제는 세월이라고 불러도 될 기간을 우리는 함께 통과했다
살았다는 말이 온갖 경력의 주름을 늘리는 일이듯

세월은 넥타이를 여며주는 그대 손 끝에 역력하다
이제 내가 할 일은 아침 머리맡에 떨어진 그대 머리카락을
침묻힌 손으로 짚어내는 일이 아니라
그대와 더불어, 최선을 다해 늙는 일이리라
우리가 그렇게 잘 늙은 다음
힘없는 소리로, 임자, 우리 괜찮았지?
라고 말할 수 있을 때, 그때나 가서
그대를 사랑한다는 말은 그때나 가서
할 수 있는 말일 거야

《게 눈 속의 연꽃》 (문학과지성사)

마흔을 넘긴 우리나라 가장들에게 고한다. 오늘 밤, 베갯머리에서 아내에게 이 시를 읽어 주자.

내가 사랑하는
젊은 시인들의

詩

포구의 잠

김선우

생리통의 밤이면
지글지글 방바닥에 살 붙이고 싶더라
침대에서 내려와 가까이 더,
소라냄새 나는 베개에 코박고 있노라면

푸른 연어처럼……

나는 어린 생것이 되어
무릎 모으고 어깨 곱송그려
앞가슴으론 말랑말랑한 거북알 하나쯤
더 안을 만하게 둥글어져
파도의 젖을 빨다가 내 젖을 물리다가
포구에 떠오르는 해를 보았으면
이제 막 생겨난 흰 엉덩이를 까불며
물장구를 쳤으면 모래성을 쌓았으면 싶더라

미열이야 시시로 즐길 만하게 되었다고
큰소리 쳐놓고도 마음이 도질 때면
비릿해진 살이 먼저 포구로 간다

석가도 레닌도 고흐의 감자먹는 아낙들도
아픈 날은 이렇게 혁명도 잠시
낫도 붓도 잠시 놓고 온종일 방바닥과 놀다 가려니
처녀 하나 뜨거워져 파도와 여물게 살 좀 섞어도
흉 되지 않으려니 싶어지더라

《내일을 여는 작가》 1997년 봄호

1996년《창작과 비평》겨울호로 작품활동을 시작했는데 아직 시집 한 권 묶지 않은 젊은 시인이다. 나는 이 시인의 시가 발표될 때마다 눈여겨 본다. 치열한 자기 탐색, 넘치지도 모자라지도 않는 말의 절제력이 놀랍다. 머지 않아 우리 시의 보자기 한 끝을 팽팽하게 잡고 있는 시인이 되리라 믿는다.

완전무장

김중식

낙타는 전생부터 지 죽음을 알아차렸다는 듯
두 개의 무덤을 지고 다닌다
고통조차 육신의 일부라는 듯
육신의 정상에
고통의 비계살을 지고 다닌다
전생부터 세상을 알아차렸다는 듯
안 봐도 안다는 듯
긴 속눈썹을 달고 다니므로
오아시스에 몸을 담가 물이 넘쳐 흘러도
낙타는 아무것도 발견하지 않는다
전생부터 지 수고를 알아차렸다는 듯
고통받지 않기를 포기했다는 듯
가능한 한 가느다란 장딴지를 달고 다닌다
짐이 쌓여 고개가 숙여질수록 자기 자신과 마주치고
짐이 더욱 쌓여 고개가 푹 숙여질수록 가랑이 사이로 거꾸로 보이는 세상
오 그러다가 고꾸라진다
과적 때문이 아니라 마지막
최후로 덧보태진, 그까짓, 비단 한 필 때문이라는 듯
고꾸라져도 되는 걸 낙타는

이 악물고 무너져버린다

죽어서도

관 속에 두 개의 무덤을 지고 들어간다.

《황금빛 모서리》 (문학과지성사)

낙타의 숙명을 노래하는데, 등에 짐 진 가엾은 인간이 보인다. 한 치의 오차도 없이, 서늘하다.

찬비 내리고 — 편지1

나희덕

우리가 후끈 피워냈던 꽃송이들이
어젯밤 찬비에 아프다 아프다 아프다 합니다
그러나 당신이 힘드실까봐
저는 아프지도 못합니다
밤새 난간을 타고 흘러내리던
빗방울들이 또한 그러하여
마지막 한 방울이 차마 떨어지지 못하고
공중에 매달려 있습니다
떨어지기 위해 시들기 위해
아슬하게 저를 매달고 있는 것들은
그 무게의 눈물겨움으로 하여
저리도 눈부신가요
몹시 앓을 듯한 이 예감은
시들기 직전의 꽃들이 내지르는
향기 같은 것인가요
그러나 당신이 힘드실까봐
저는 마음껏 향기로울 수도 없습니다

《그 말이 잎을 물들였다》(창작과비평사)

화자의 마음 씀씀이가 환하게 보인다. 어느 시를 골라 들어도 감동의 잔물결이 일렁이는 나희덕의 시 중에서 나는 특히 이 구절을 좋아한다.

"당신이 힘드실까봐
 저는 아프지도 못합니다"

가구家具의 힘

박형준

얼마 전에 졸부가 된 사람이 있다
그 사람은 나의 외삼촌이다
나는 그 집에 여러 번 초대받았지만
그때마다 이유를 만들어 한 번도 가지 않았다
어머니는 방마다 사각 브라운관 TV들이 한 대씩 놓여 있는 것이
여간 부러운 게 아닌지 다녀오신 얘기를 하며
시장에서 사온 고구마순을 뚝뚝 끊어 벗겨내실 때마다
무능한 나의 살갗도 아팠지만
나는 그 집이 뭐 여관인가
빈방에도 TV가 있게 하고 한마디 해주었다
책장에 세계문학전집이나 한국문학대계라든가
니체와 왕비열전이 함께 금박에 눌려 숨도 쉬지 못할 그 집을 생각하며,
나는 비좁은 집의 방문을 닫으며 돌아섰다

가구란 그런 것이 아니지
서랍을 열 때마다 몹쓸 기억이건 좋았던 시절들이
하얀 벌레가 기어나오는 오래 된 책처럼 펼칠 때마다
항상 떠올라야 하거든

나는 여러 번 이사를 갔었지만
그때마다 장롱에 생채기가 새로 하나씩은 앉아 있는 것을 보았다
그 집의 기억을 그 생채기가 끌고 왔던 것이다
새로 산 가구는
사랑하는 사람의 눈빛이 달라졌다는 것만 봐도
금방 초라해지는 여자처럼 사람의 손길에 민감하게 반응하지만,
먼지 가득 뒤집어쓴 다리 부러진 가구가
고물이 된 금성 라디오를 잘못 틀었다가
우연히 맑은 소리를 만났을 때 만큼이나
상심한 가슴을 덥힐 때가 있는 법이다
가구란 추억의 힘이기 때문이다
세월에 닦여 그 집에 길들기 때문이다
전통이란 것도 그런 맥락에서 이해할 것—
하고 졸부의 집에서 출발한 생각이 여기에서 막혔을 때
어머니의 밥 먹고 자야지 하는 음성이 좀 누그러져 들려왔다
너무 조용해서 상심한 나머지 내가 잠든 걸로 오해하셨나

나는 갑자기 억지로라도 생각을 막바지로 몰고 싶어져서

어머니의 오해를 따뜻한 이해로 받아들이며
깨우러 올 때까지 서글픈 가구론을 펼쳤다.

《나는 이제 소멸에 대해서 이야기하련다》 (문학과지성사)

액 자소설이라는 게 있다. 하나의 틀 속에 또 다른 이야기를 들어앉히는 것. 그러니 이 시를 액자시라고 해도 되겠다. 어머니와 나 사이에 '가구론'이 들어와 앉아 있다. 마치 방안에 가구가 추억의 힘으로 존재하듯이.
　가난한 시인은 짐짓 서글프다고 했지만, 독자는 언제라도 시인의 편이다.

창

신현림

마음이 다 드러나는 옷을 입고 걷는다
숨어 있던 오래된 허물이 벗겨진다
내 허물은 얼마나 돼지처럼 뚱뚱했던가

난 그걸 인정한다
내 청춘 꿈과 죄밖에 걸칠 게 없었음을

어리석음과 성급함의 격정과 내 생애를
낡은 구두처럼 까맣게 마르게 한 결점들을
오래도록 괴로워했다
나의 등잔이 타인을 못 비춘 한시절을
백수일 때 서점에서 책을 그냥 들고 나온 일이나
남의 애인 넘본 일이나
어머니께 대들고 싸워 울게 한 일이나
실컷 매맞고 화난 주먹으로 유리창을 부순 일이나
내게 잘못한 세 명 따귀 때린 일과 나를 아프게 한 자
마음으로라도 수십 번 처형한 일들을

나는 돌이켜본다 TV 볼륨을 크게 틀던
아래층에 폭탄을 던지고 싶던 때와

돈 때문에 조바심치며 은행을 털고 싶던 때를
정욕에 불타는 내 안의 여자가
거리의 슬프고 멋진 사내를 데려와 잠자는 상상과
징그러운 세상에 불지르고 싶던 마음을 부끄러워한다

거미줄 치듯 얽어온 허물과 욕망을 생각한다
예전만큼 반성의 사냥개에 쫓기지도 않고
가슴은 죄의식의 투견장도 못 된다
인간의 원래 그런 것이라며 변명의 한숨을 토하고
욕망의 흔적을 버린 옷가지처럼 바라볼 뿐이다

고해함으로써 허물이 씻긴다 믿고 싶다
고해함으로써 괴로움을 가볍게 하고 싶다
사랑으로 뜨거운 그 분의 발자국이
내 진창길과 자주 무감각해지는 가슴을 쾅쾅 치도록

나는 좀더 희망한다
그 발자국이 들꽃으로 흐드러지게 피어나
나를 깨워 울게 하도록

《세기말 블루스》 (창작과비평사)

저 김수영이 90년대에 여성으로 환생해서 시를 발표하고 계시나? 고해가 처절하게 아름답다.

참빗 하나의 시

유하

지금 식으로 따진다면
자신이 내놓은 물건 값보다
더 신세를 지고 가던 사람이 있었다
검정 고무신 찰박찰박 장마 끝물로 와서
거시기 모다 있어라우, 찰옥수수 같은 잇속 드러내며 웃던
담바우 방물장수 아짐
대나무 참빗 달랑 하나 풀어놓고는
골방 아랫목 드르렁 고랑내 밤새 풀어놓으며
새비젓 무시너물 쩍국에 척척 식은 밥 한술 말아먹고
보리쌀 반 되 챙겨서 싸묵싸묵 새벽길 떠나가던
염치도 바우 같은 담바우 방물장수 아짐
그것만이면 진짜 양반이게
담바우 아짐 자고 간 날 이후론 온 식구 머릿속엔
영락없이 이가 바글바글 들끓었다
그 예펜네 욕 직사허니 퍼대다가
그 빗살 촘촘한 참빗으로 득득 빗어내리면 와따
후두둑 후두둑 민경 위로 새까맣게
떨어져내리던 가랑이 서카래떼
장마 걷힌 하늘처럼 맑아오던 머릿속
그날은 온 식구 한데 모여 그놈의 서카래 손톱으로 똑똑

장단 맞춰 터뜨려가며 곤시랑댔다
허허참, 그래도 담바우 아짐 참빗이
참말로 짱짱한 참빗이랑게

《바람부는 날이면 압구정동에 가야 한다》(문학과지성사)

그의 시가 추억의 원형인 '하나대'와 그 반대편인 '압구정동' 사이에 있을 때, 나는 전자 쪽으로 좀더 기울어졌으면, 하고 은근히 바랐었다. 과거로 눈을 돌린다고 해서 그것을 퇴영의 조짐이라고 함부로 말하는 자는 못된 현대성의 노예이기를 자처하는 자이다. 과거는 얼마든지 '오래된 미래'일 수 있다.

  찰박찰박, 드르렁, 척척, 싸묵싸묵, 바글바글과 같은 말과 삶이 자연스레 어우러지는 순간을 이제 어디 가서 만날꼬?

두만강 푸른 물

이대흠

　파고다공원에 갔지 비오는 일요일 오후 늙은 섹스폰 연주자가 온몸으로 두만강 푸른 물을 불어내고 있었어 출렁출렁 모여든 사람들 그 푸른 물속에 섞이고 있었지 두 손을 꼭 쥐고 나는 푸른 물이 쏟아져 나오는 섹스폰의 주둥이 그 깊은 샘을 바라보았지 백두산 천지처럼 움푹 패인 섹스폰 속에서 하늘 한자락 잘게 부수며 맑은 물이 흘러나오고 아아 두만강 푸른 물에 님 싣고 떠난 그 배는 아직도 오지 않아 아직도 먼 두만강 축축한 그 섹스폰 소리에 나는 취해 늙은 연주자를 보고 있었네 은행나무 잎새들 노오랗게 하늘을 물들이고 가을 비는 천천히 늙은 몸을 적시고 있었지 비는 그의 눈을 적시며 눈물처럼 아롱졌어 섹스폰 소리 하염없을 듯 출렁이며 그 늙은 사내 오래도록 섹스폰을 불었네

《눈물 속에는 고래가 산다》(창작과비평사)

섹 스푼 소리와, 푸른 물과, 사람들과, 추억과, 회한과, 가을비와, 눈물을 모두 출렁출렁 한 집안 식구로 만들었구나.

제비집

이윤학

제비가 떠난 다음날 시누대나무 빗자루를 들고
제비집을 헐었다. 흙가루와 함께 알 수 없는
제비가 품다 간 만큼의 먼지와 비듬,
보드랍게 가슴털이 떨어진다. 제비는 어쩌면
떠나기 전에 집을 확인할지 모른다.
마음이 약한 제비는 상처를 생각하겠지.
전깃줄에 떼지어 앉아 다수결을 정한 다음날
버리는 것이 빼앗기는 것보다 어려운 줄 아는
제비떼가, 하늘 높이 까맣게 날아간다.

《먼지의 집》 (문학과지성사)

시인은 제비처럼 마음이 약할 것이다. 그리고 틀림없이 제비처럼 맑고 밝은 눈으로 세상을 관찰하는 사람일 것이다.

서시

이정록

마을이 가까울수록

나무는 흠집이 많다.

내 몸이 너무 성하다.

《벌레의 집은 아늑하다》 (문학동네)

고 승이 툭, 한마디 던지고 간 화두 같다. 그러나 깐깐한 오기도 묻어 있다.

여우를 살리기 위해

이학성

여우를 살리기 위하여 혹시
사람이 죽어야 하는 이유는 없겠지
그러나 누구 한 사람 살아 남기 위하여
아홉 마리 여우를 잡아야 하는 일은 없었나
그건 여우의 증오를 위하여 참 안된 일이야

빗장을 꼭꼭 걸어 잠그고
가만히 잘 들어봐, 여우의 울음소리를
냉랭한 산의 짙은 나무숲을 가르며 저녁
마을 아래까지 내려오는 흉흉스런 울음소리를

때때로 그 소리는
배고파 울부짖는 소리 같기도 하고
애타게 제 짝을 부르는 소리 같기도 하고 무슨
잘못을 싹싹 비는 소리 같기도 하고, 어느 땐 세상
어느 구석을 향하여 크게 비웃는 소리 같기도 하던데

깊은 밤중에 여우가 울면
누군가 한 사람이 꼭 눕는다지
외가 쪽으로 먼 사람이 쓰러진 날도 그 밤에

뒷산 골짜기에서 소름 끼치게 여우가 울었다는 거야
.
아직껏 밤늦도록 세상 공부를 하다
종종 큰방으로 귀 기울이기도 하는데
식구들 제각기 잠자는 숨소리가 귀에 들려오곤 하면
쉽사리 그 소리가 좋아 오래도록 책이 잘 읽히지

깊은 산속 여우를 살리기 위해
내가 이것저것 책을 읽어야 하는 건 아니지만
이제는 커다란 도회지 변두리로 집을 옮겨 와
짐승 울음 따위는 전혀 들을 수조차 없게 되었지만

해가 서서히 기울어 가는 어느 날
두 조카아이 손목을 잡고 뒷산 숲길을 거닐다가
마냥 즐거이 조잘거리는 아이들에게
슬픈 여우의 전설을 조금만 이야기해 주리라

그리고 누군가 외롭게 밤새워 공부를 하는
세상의 아직도 말 못할 누누한 일들을
아직은 이해 못하는 그것들 커다란 눈망울을 바라보며

이윽고 숲길을 되짚어 천천히 내려오리라

《여우를 살리기 위해》(민음사)

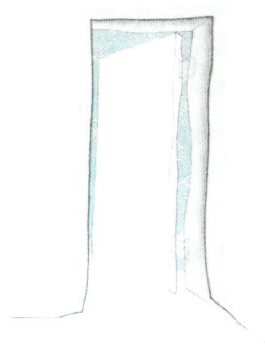

여우를 살리는 일은 원시성 혹은 생명을 되찾는 일이다. 하지만 현실에서는 불가능한 일이다. 그럼에도 시인은 어떻게든 여우를 살려낸다. 그것은 시인이 생태학자이면서 인문주의자가 되어야 하는 까닭이기도 하다.

멧새 앉았다 날아간 나뭇가지같이

장석남

　내 작은 열예닐곱 고등학생 시절 처음으로 이제 겨우 막 첫 꽃 피는 오이넝쿨만한 여학생에게 마음의 닻마지기 땅을 빼앗기어 허둥거리며 다닌 적이 있었다.
　어쩌다 말도 없이 그앨 만나면 내 안에 작대기로 버티어놓은 허공이 바르르르르 떨리곤 하였는데
　서른 넘어 이곳 한적한, 한적한 곳에 와서 그래도는 차분해진 시선을 한 올씩 가다듬고 있는데 눈길 곁으로 포르르르르 멧새가 날았다.
　이마 위로, 외따로 뻗은, 멧새가 앉았다 간 저, 흔들리는 나뭇가지가, 차마 아주 멈추기는 싫여 끝내는 자기 속으로 불러들여 속으로 흔들리는 저것이 그때의 내 마음은 아니었을까.
　외따로 뻗어서 가늘디가늘은, 지금도 여전히 가늘게는 흔들리어 가끔 만나지는 가슴 밝은 여자들에게는 한없이 휘어지고 싶은 저 저 저 저 심사가 여전히 내 마음은 아닐까.
　아주 꺾어지진 않을 만큼만 바람아,
　이 위에 앉아라 앉아라.
　어디까지 가는 바람이냐.
　영혼은 저 멧새 앉았다 날아간 나뭇가지같이
　가늘게 떨어서 바람아
　어여 이 위에 앉아라.

앉아라.

《젖은 눈》(솔)

좋다. 한 시대를 끌고 가는 젊은 시인의 촉수라면 이런 데에도 닿아야 하는 것이리라. 대선배 미당의 어투가 좀 엿보인다 한들 무슨 허물이 되랴.

시詩

최영미

나는 내 시에서
돈 냄새가 나면 좋겠다

빳빳한 수표가 아니라 손때 꼬깃한 지폐
청소부 아저씨의 땀에 절은 남방 호주머니로 비치는
깻잎 같은 만원권 한 장의 푸르름
나는 내 시에서 간직하면 좋겠다
퇴근길의 뻑적지근한 매연가루, 기름칠한 피로
새벽 1시 병원의 불빛이 새어나오는 시
반지하 연립의 스탠드 켠 한숨처럼
하늘로 오르지도 땅으로 꺼지지도 못해
그래서 그만큼 더 아찔하게 버티고 서 있는

하느님, 부처님
썩지도 않을 고상한 이름이 아니라
먼지 날리는 책갈피가 아니라
지친 몸에서 몸으로 거듭나는
아픈 입에서 입으로 깊어지는 노래
절간 뒷간의 면벽한 허무가 아니라
지하철 광고 카피의 한 문장으로 똑 떨어지는 슴슴한 고독

이 아니라

    사람 사는 밑구녁 후미진 골목마다

    범벅한 사연들 끌어안고 벼리고 달인 시

    비평가 하나 녹이진 못해도

    늙은 작부 뜨듯한 눈시울 적셔주는 시

    구르고 구르다 어쩌다 당신 발 끝에 채이면

    쩔렁! 하고 가끔씩 소리내어 울 수 있는

나는 내 시가

동전처럼 닳아 질겨지면 좋겠다

《서른, 잔치는 끝났다》(창작과비평사)

'**서**른, 잔치는 끝났다'는 말 한마디 때문에 시인은 얻은 것도 잃은 것도 많을 것이다. 나는 세월에 대한 냉소보다는 이런 뜨듯하고 푸르고 질긴 시에 더 마음이 끌린다. 시가 건강하다는 게 다 좋은 것은 아니지만, 이러한 건강한 시론을 만나기도 힘든 시절 아닌가.

축구소년

함기석

소년의 주특기는 빠른 땅볼이다. 새를 기르던
소녀 앞에서 멋진 슛을 날리면 날릴수록
공은 늘 담장 위로 도망치며 소년을 배신했지만
소년의 꿈은 최고의 축구선수가 되는 거다 그래서

소년은 무엇이든 차버린다
소년은 책상을 찬다 책상은 발을 아파한다
소년은 국어책을 찬다 국어책은
교실 유리창을 깨고 겨드랑이에 떨어져 소년을 읽는다
소년은 시계를 찬다
시계는 손목에 떨어져 소년의 내일을 아파한다
하얗게 타들어가던 겨울하늘을 아파한다
불기둥 사이 예쁘게 발광하던 소녀를 아파한다
소년은 구두를 찬다 아니
구두가 소년을 차버리고 소년을 가둔다

소년은 힘껏 가난을 차버린다
가난은 골대에 정면으로 맞고 튀어나와
소년의 얼굴을 더 세게 때린다
코피를 닦으며 소년은 아빠를 차버린다

아빠는 포물선을 그리며 술병 속으로 똑 떨어진다
술병은 아빠를 아파한다 소년은 새벽마다
아빠의 늑골 사이에서 울려나오는 삽질소릴 아파한다
술병 속으로 석탄을 실은 화물열차가 연달아 들어가고
만취한 아빠는 비틀비틀 어두운 술병을 걸어나온다

운동장은 한 장의 낡은 지폐, 허리가 찢겨 있다
소년은 울먹이며 허공으로 제 머리를 차올린다
머리는 살짝 구름에 걸려 떨어지지 않는다
구름 뒤로 흰 부리의 새떼가 날아오르고
운동장으로 수천의 깃털들이 떨어진다

눈 내리는 겨울저녁
머리 없는 소년이 운동장을 뛰어다닌다
목에 축구공을 붙이고 천막집으로 돌아가는
소년의 내부에 공의 내부보다 캄캄하게 휘어진
아빠의 금간 어깨뼈가 달그락 흔들리고
소녀를 닮은 3층집이 아파하며 커오른다

밤새도록 눈이 차오르는 겨울하늘 아래

펄럭이는 지붕소릴 들으며 뒤척이는 소년
소년의 앙상한 등줄기를 밟고 캄캄한 머릿속으로
새들이 차례로 등불을 들고 걸어들어간다
소년은 겨우 발가락 끝까지 환해지며 잠이 든다

《국어 선생은 달팽이》 (세계사)

이 우스꽝스런 상상력이 지루하고 고리타분한 생을 즐겁게 한다.
그는 고통이나 슬픔도 감미롭게 만드는 마술사인가?

긍정적인 밥

함민복

시詩 한 편에 삼만 원이면
너무 박하다 싶다가도
쌀이 두 말인데 생각하면
금방 마음이 따뜻한 밥이 되네

시집 한 권에 삼천 원이면
든 공에 비해 헐하다 싶다가도
국밥이 한 그릇인데
내 시집이 국밥 한 그릇만큼
사람들 가슴을 따뜻하게 덥혀줄 수 있을까
생각하면 아직 멀기만 하네

시집이 한 권 팔리면
내게 삼백 원이 돌아온다
박리다 싶다가도
굵은 소금이 한 됫박인데 생각하면
푸른 바다처럼 상할 마음 하나 없네

《모든 경계에는 꽃이 핀다》 (창작과비평사)

가장 궁핍한 시인이 가장 부자로 산다.